MIRELA UND ANDRÉ STANLY

Unnützes Wissen BERLIN

711 ERSTAUNLICHE FAKTEN

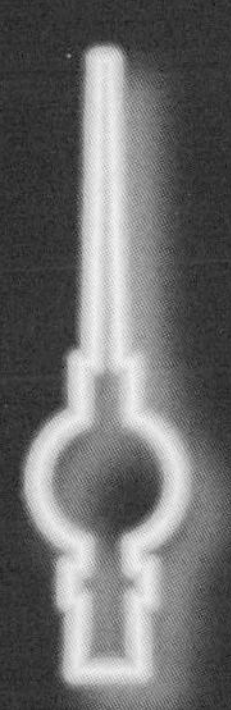

emons:

Bibliografische Information der Deutschen Nationalbibliothek

Die Deutsche Nationalbibliothek verzeichnet diese Publikation in der Deutschen Nationalbibliografie; detaillierte bibliografische Daten sind im Internet über http://dnb.d-nb.de abrufbar.

Lektorat und Bildredaktion: Ulrike Burgi, Köln

Konzept, Satz und Gestaltung: Weusthoff Noël, Kommunikation.Design, Hamburg, www.wnkd.de

Umschlaggestaltung: Weusthoff Noël, Kommunikation.Design, Hamburg

Druck und Bindung: Grafisches Centrum Cuno, Calbe

ISBN 978-3-95451-521-9

»WISSEN IST MACHT, UNNÜTZES WISSEN MACHT SPASS!«

ES GIBT BÜCHER ÜBER BERLIN, über die Berliner Mauer, über 111 Orte in Berlin, die man gesehen haben muss, über den Alex, den Berliner Bären, den Fernsehturm, über Hertha und Union, »Berlin – Tag & Nacht« und, und, und …

Und jetzt gibt es auch ein Buch mit unnützen Fakten über Berlin. Einfach, knapp, unverschnörkelt.
Unnütz, aber nicht nutzlos.

Denn manche Fakten darin scheinen nur auf den ersten Blick unnütz. Wie zum Beispiel, dass
»IM FRITZCLUB IM POSTBAHNHOF EIN AUTOMAT MIT BALLERINASCHUHEN FÜR 9 EURO STEHT«.

Wenn du aber nach einer durchtanzten Nacht deiner besten Freundin, die in ihren High-Heels vor lauter Blasen nicht mehr laufen kann, um 5 Uhr in der Früh ein Paar bequeme Ballerinas in die Hand drückst, wird sie dich lieben.

Auch dieser Fakt wirkt zunächst total unnütz:
»DAS HÖCHSTGELEGENE ›BERLIN‹ DER WELT LIEGT IN DEN ARGENTINISCHEN ANDEN AUF 4.500 METER HÖHE.«

Wahrscheinlich wirst du niemals diesen nach der Hauptstadt benannten Flecken Erde, der aus drei Lehmhütten, einer Feuerstelle und einem Viehgatter besteht, besteigen. Wozu also könntest du diesen Fakt gebrauchen?
Stell dir vor, du bist eines Tages auf einer Party, bei der jemand mit seinen Berlin-Kenntnissen prahlt und »Insiderwissen« aus dem Lonely-Planet-Reiseführer zum Besten gibt, dann wirf doch einfach mal diesen Fakt in die Runde! Mal sehen, was er darauf zu erwidern weiß. Und dann trittst du noch mit einem **»IN ITALIEN BEDEUTET DAS SPRICHWORT ›METTERE ALLA BERLINA‹: SICH ZUM GESPÖTT MACHEN.«** nach. Touché!

Genau so kann es dir mit allen **711 IN DIESEM BUCH VERSAMMELTEN FAKTEN** ergehen.

Was du mit ihnen anfängst, bleibt dir überlassen. Ob du darüber staunst, darüber lachst, damit angibst oder sie einfach als leichte Lektüre auf der Toilette griffbereit hast.

Wir wünschen viel Vergnügen, denn: »Wissen ist Macht, unnützes Wissen macht Spaß!«

001 // MIT DEM TAXI DURCH ALLE STRASSEN BERLINS ZU FAHREN, WÜRDE 6.848 EURO KOSTEN.

002 // Am 12. Oktober 2012 kam das erste in Berlin geborene Baby mit dem ***Vornamen Berlin*** zur Welt.

003 // Die ***am meisten gestohlene Automarke*** in Berlin ist ***Audi***.

004 // Der Berliner Fernsehturm, der die offizielle Bezeichnung ***»Fernmeldeturm 32«*** trägt, hat an seiner Basis und an seiner Turmkugel einen Durchmesser von ***32 Metern***.

005 // In Berlin sind 34 Beamte zum Aufspüren von ***illegalen Ferienwohnungen*** eingesetzt.

006 // Der Forstamtsleiter, der das Verbuddeln der zerschlagenen ***Lenin***-Büste im Köpenicker Forst beaufsichtigt hatte, heißt Karl-Heinz ***Marx***.

007 // An der Humboldt-Universität zu Berlin wird als Hochschulsport ***Hawaiianischer Hula-Tanz*** angeboten.

008 // Verlängert man die ***Luftlinie zwischen der Elisabethkirche*** vor dem Fernsehturm ***und der Parochialkirche*** in der Klosterstraße, führt sie genau nach Mekka.

009 // Die Entfernung ***Berlin–Mekka*** beträgt 4.129 Kilometer Luftlinie.

010 // Alle Hunde in Berlin hinterlassen zusammen jeden Tag ***55 Tonnen Kot*** auf den Straßen der Hauptstadt.

011 // Zur Beseitigung von Hundekot hat die Berliner Straßenreinigung ***14 Hundekotmobile mit Staubsauger-Rüsseln*** im Einsatz.

012 // Die ***Abfall-Firma ALBA verwaltet*** in Berlin ***60.000 Schlüssel***, um zu den Mülltonnen in den Hinterhöfen zu kommen.

013 // Würde man von Berlin aus ***ein Loch durch den Mittelpunkt der Erde*** bohren, käme man auf der anderen Seite im südwestlichen Pazifik heraus. Der nächste bewohnte Ort ist die neuseeländische Insel Pitt Island mit 45 Einwohnern.

014 // DAS SELTSAME KLEINE »Z« AUF BERLINER STRASSENSCHILDERN HEISST »GESCHWÄNZTES Z«.

---

015 // Die Podologin Ilona Beer hat ihre ***Fußpflege-Praxis*** in der ***Barfusstraße 14*** im Wedding.

016 // ***In Berliner Clubs tanzen*** pro Wochenende ca. ***10.000 Menschen***.

017 // AM 30. JUNI 2013 SAH MAN AUF DER GOOGLE-STARTSEITE EIN »DOODLE« ZUM 100. GEBURTSTAG DER CURRYWURST-ERFINDERIN HERTA HEUWER.

S
Potsdamer Platz
30

018 // PRO JAHR WERDEN IN BERLIN ETWA 70 MILLIONEN CURRYWÜRSTE VERDRÜCKT.

019 // Die schwedische Modellbauerin Eija-Riitta Eklöf-Berliner-Mauer behauptet, die Berliner Mauer 1979 ***in einer spirituellen Zeremonie*** geheiratet zu haben und lebt seit der Zerstörung der Mauer 1989 als »Witwe«.

020 // DIE AMERIKANERIN ERIKA EIFFEL, DIE 2007 DEN EIFFELTURM »HEIRATETE« UND HEUTE IN BERLIN LEBT, HAT NACH EIGENEN ANGABEN SEIT 2008 EINE LIEBESBEZIEHUNG MIT DER BERLINER MAUER.

021 // Berliner haben bundesweit ***die wenigsten Zukunftsängste***.

022 // Der Berliner Fernsehturm ist ungefähr so hoch wie ***77 Giraffen***.

023 // Im ***Berliner Telefonbuch*** gibt es sieben »Berliner«.

024 // Jeden Tag werden in Berlin ***72 Taschendiebstähle*** begangen.

025 // Die E-Mail-Adresse des Hertha-BSC-Fanclubs »HFC True Love Berlin« lautet ***muschi_2004@yahoo.de***.

026 // Berlin heißt auf Japanisch ***»Berurin«***.

027 // Wenn man den ***Lichtenberger Ortsteil »Malchow«*** in Microsoft Word eingibt, wird das Wort rot unterwellt und die Autokorrektur schlägt stattdessen ***»Macho«*** vor.

028 // Auf dem Berliner Telefonbuch 2008 Band L-Z war wegen eines Versehens ***statt des Berliner Roten Rathauses*** ein Jahr lang ***das Münchner Rathaus*** abgebildet.

029 // ***Pro Stunde*** werden in Berlin ***3,99 Babys*** geboren.

030 // IN BERLIN GIBT ES KEINE STELLE, AN DER MAN MEHR ALS 500 METER VON EINER STATION DER ÖFFENTLICHEN VERKEHRSMITTEL ENTFERNT IST.

031 // Die Tauentzienstraße passieren ***in einer Stunde 9.255 Menschen***.

032 // In der Gebärdensprache wird für Berlin ***das Ohr eines Bären*** mit der Hand gedeutet.

033 // Im ***»Main Street Station«-Kasino*** in Las Vegas kann man gegen die Berliner Mauer pinkeln. Im Männer-WC sind die Urinale an ehemaligen Mauerstücken befestigt.

034 // EINES DER ERSTEN 3-D-PUZZLES WAR DAS BRANDENBURGER TOR MIT 357 TEILEN.

035 // Autofahrer, die ***morgens in Berlin Richtung Innenstadt*** unterwegs sind, haben wegen einer angepassten Ampelschaltung häufiger Grün als die stadtauswärts Fahrenden.

036 // AUF DEM MARS LIEGEN GESTEINSBROCKEN MIT DEN NAMEN »NIKOLAIKIRCHE«, »MONTAGSDEMO«, »BROKEN WALL«, »MAUERÖFFNUNG« UND »WIEDERVEREINIGUNG«.

---

037 // Im Spätkauf »Eck-Oase« in der Neuköllner Flughafenstraße können Stammgäste, denen das Wasser abgestellt wurde, ***im Hinterzimmer duschen***.

038 // Vom Süden bis zum Norden Berlins wandert man ***bei konstanter Geschwindigkeit*** (von 5 km/h) etwa 7,6 Stunden.

039 // Die ***Mauerstraße in der Friedrichstadt*** wurde 1720 nach einer Mauer benannt, die die Friedrichstadt umschließen sollte, aber nie gebaut wurde.

040 // 241 Jahre später lief ***die Mauerstraße*** auf die ***Berliner Mauer*** zu.

041 // Ein Drittel der Berliner Strafgefangenen sitzt wegen ***Schwarzfahrens***.

042 // ***70 Prozent des Mathematik- und Naturkunde-Unterrichts*** an Berlins Grundschulen wird von Lehrern gehalten, die diese Fächer gar nicht studiert haben.

043 // Das Freudenhaus Salon Kitty in der Giesebrechtstraße 11 wurde zur NS-Zeit angeblich verwanzt und die Gespräche der hochrangigen ausländischen Freier in einer ***Abhör-Anlage im Keller*** des Hauses abgehört. Heute befindet sich in dem Haus ein ***Hörgeräte-Shop***.

044 // Im japanischen Nudelrestaurant »Susuru« in der Rosa-Luxemburg-Straße läuft auf der Toilette in Dauerschleife die ***japanische Hörspielversion von »Rotkäppchen«***.

045 // Die Bauelemente, aus denen die Berliner Mauer gemacht wurde, wurden eigentlich für die Landwirtschaft konstruiert: als ***Lagerwände für Stallmist***.

046 // Das ***erste deutsche »Monopoly«-Spiel von 1936*** hatte nur Berliner Straßennamen.

047 // Würde man alle Einwohner Berlins ***Schulter an Schulter*** nebeneinanderstellen, ergäbe das eine Luftlinienstrecke von Berlin nach Neapel.

048 // Die Stadt Berlin verdient im Jahr etwa 1,3 Millionen Euro durch den ***Verkauf von Bürgerdaten*** aus den Meldeämtern an Online-Werbeunternehmen.

049 // 4.000 DER 5.345 BERLINER STRASSENKILOMETER SIND LAUT ADAC AKUT SANIERUNGSBEDÜRFTIG.

050 // Der Schüttelreim auf den deutschen Künstler ***Merlin Bauer*** ergibt ***Berlin Mauer***.

051 // ***DDR-Stasi-Chef*** Erich Mielke wohnte in der ***Stille Straße 10*** in Pankow.

052 // Das ***Fürstentum Monaco*** passt 441,5-mal in die Stadtfläche von Berlin.

053 // Die Berliner Polizei überprüft im Jahr ***50 Millionen Datensätze*** von Mobiltelefonen zur Bekämpfung der Schwerkriminalität.

054 // Jeder Berliner wirft im Jahr ***25 Kilogramm Altkleider*** weg.

055 // Neun von zehn ***Altkleidercontainern*** in Berlin sind illegal aufgestellt worden.

056 // DER LEGENDÄRE CLUB SO36, BENANNT NACH DER ALTEN POSTLEITZAHL KREUZBERGS, IN DEM BANDS WIE »DIE ÄRZTE« ODER »DIE TOTEN HOSEN« AUFTRATEN, WAR 1983 KURZFRISTIG EIN TÜRKISCHER HOCHZEITSSAAL.

---

057 // Eine 12.444 Euro teure ***Design-Hängeleuchte*** von »Studio Italia« trägt die Produktnummer ***SO36***.

058 // Die ***Berliner Fünf-Sterne-Hotels*** waren 2013 mit 74,3 Prozent besser ausgelastet als alle Berliner Hotels im Schnitt (72,9 Prozent).

059 // Eine Übernachtung in einem der zehn Fünf-Sterne-Hotels in Berlin kostet ***durchschnittlich 2.976 Euro***.

060 // VOR DEM SCHAUSPIELHAUS AM GENDARMENMARKT SIND SIEBEN BODENPLATTEN MIT ZITATEN ÜBER BERLIN EINGELASSEN. EINE ACHTE PLATTE WURDE NACH DER WENDE INS MÄRKISCHE MUSEUM GEBRACHT UND VERSCHWAND DANACH. AUF IHR STAND EIN ZITAT ERICH HONECKERS.

061 // Auf einer Bodenplatte am Gendarmenmarkt steht ein ***Zitat von Albert Lortzing***: »Es ist mir, als ob ich von Berlin nicht wieder fortkommen würde.« Der zweite Teil dieses Zitats wurde aber weggelassen: »… so wenig mir meine Vaterstadt eigentlich behagt mit ihrer kahlen Gegend und dem ekelhaften Dialekt.«

062 // Einer der ersten Wettkämpfe im ***Synchronschwimmen*** fand 1891 in Berlin statt. Damals war es noch eine ***reine Männersportart***.

063 // In Berlin werden mehr ***Polizisten im Dienst angegriffen*** als im restlichen Deutschland.

064 // Jeder ***achte Regionalverkehrszug***, der in Berlin hält, ist verspätet.

065 // Der Parfümeur Harry Lehmann kreierte das Parfüm ***Nr. 65 Eau de Berlin!***

066 // EIN BERLINER WOHNT DURCHSCHNITTLICH 13 JAHRE LANG IN DERSELBEN WOHNUNG.

---

067 // Das erste Werk der modernen japanischen Literatur ist von Mori Ogai, der in Berlin studierte, und handelt von der ***Liebe eines Japaners zu einem deutschen Mädchen***.

068 // Die U-Bahn-Station ***»Onkel Toms Hütte«*** ist benannt nach einer Wohnsiedlung, die ihren Namen von einem Ausflugslokal übernommen hatte, das wiederum nach dem berühmten Roman von Harriet Beecher Stowe so genannt wurde.

069 // Der ***Columbus-Großatlas***, der im Arbeitszimmer Adolf Hitlers in der Neuen Reichskanzlei in Berlin stand, hatte einen Maßstab von 1:12 Millionen.

070 // Der Textilkaufmann Rudolf Herzog bekam 1892 das erste Berliner Autokennzeichen mit der ***Nummer IA-1***.

071 // Laut Melderegister haben 2.961 Berliner am ***29. Februar Geburtstag***.

072 // ***Berlins größte Einzimmerwohnung*** ist 340 m^2 groß und kostet rund 1,5 Millionen Euro. Sie befindet sich im Luxus-Projekt Metropol-Park gegenüber dem Bärenzwinger in Berlin Mitte.

073 // Der ehemalige Berliner Fußballklub SC Tasmania 1900 Berlin ist der ***erfolgloseste Bundesligaverein*** der deutschen Sportgeschichte.

074 // Der ***SC Tasmania 1900 Berlin*** hält folgende Negativrekorde: letzter Platz in der Ewigen Bundesliga-Tabelle, einziger Bundesligaverein ohne Auswärtssieg, längste sieglose Serie hintereinander (31 Spiele), höchste Heimniederlage der Bundesligageschichte (0:9 gegen den Meidericher SV), Bundesliga-Spiel mit den wenigsten Zuschauern (827 Zuschauer gegen Borussia Mönchengladbach).

075 // DIE MIT BÜCHERN ZUR FREIEN ENTNAHME GEFÜLLTEN BAUMSTÄMME IN DER SREDZKISTRASSE HABEN IN IHREN HOHLRÄUMEN PLATZ FÜR BIS ZU 100 BÜCHER.

---

076 // Für die Figur des Torhüters ***Manuel Neuer in Madame Tussauds Berliner Wachsfigurenkabinett*** wurden mehr als 150 Fotos gemacht und 226-mal wurde Maß genommen.

077 // Die ***»rail&fresh«-WC-Anlage*** am Hauptbahnhof hat einen eigenen Internetauftritt.

078 // Der 17-jährige Malte Kruse wurde 2013 im Neuköllner Stadtbad ***Arschbomben-Weltmeister***.

079 // Berlin ist die ***sechstlauteste Großstadt*** Deutschlands.

6.
job
messe
Mercedes-Welt

080 // DIE »B.Z. AM MITTAG« WAR DIE ERSTE DEUTSCHE BOULEVARDZEITUNG.

081 // Der ehemalige Berliner Erzbischof Kardinal Rainer Maria Woelki war ***Stammkunde in der Wurstbude*** »Curry & Chili« im Wedding, die die schärfsten Currywürste Berlins verkauft.

082 // Die Imbissbude »Curry & Chili« veranstaltete 2014 die erste Weltmeisterschaft im ***»Schärfeessen« mit Chilisoßen von 10.000 Scoville*** (doppelt so scharf wie Tabascosoße) bis 7,7 Millionen Scoville.

083 // In Spandau gibt es ein ***Denkmal für Brieftauben***.

084 // Die erste und einzige ***Miss der DDR*** (»Fräulein Frühling Berlin 1986«) war die Schwester von Inka Bause (»Bauer sucht Frau«).

085 // ***Der Mercedes-Stern*** am Europacenter am Kurfürstendamm dreht sich etwa 1,9-mal pro Minute.

086 // Bei jedem Berliner fällt pro Jahr durchschnittlich ***12 Minuten*** lang der Strom aus.

087 // In Berlin-Biesdorf und -Neukölln gibt es ***Hundewaschanlagen***, in denen man seinen Vierbeiner für 9,50 Euro zehn Minuten lang mit Glanz- oder Anti-Flohshampoo waschen kann.

088 // In einer Hinterhofwerkstatt in Prenzlauer Berg erfand Julius Fromm das ***erste nahtlose Kondom*** der Welt.

089 // Die Fremdenverkehrswerbung Berlin investierte im Jahr 2012 mit 6,95 Millionen Euro fast genau so viel in ***Plakatwerbung*** wie »REWE« oder »Sat.1«.

090 // IM LOKAL »ZUM PADDENWIRT« IN DER EIERGASSE WERDEN SOLEIER SOWIE BIER DER MARKE »EIBAUER« SERVIERT.

3,4m
Feuerwehrzufahrt

091 // DAS ERSTE WOHNGEBÄUDE DER WELT, BEI DEM MAN SEIN AUTO AUF DEM BALKON PARKEN KANN, DAS SOGENANNTE »CARLOFT«, STEHT IN KREUZBERG.

092 // Das *»Carloft«* ist das erste patentierte Immobilienprodukt der Welt.

093 // Vor dem Haus Cumberland am Kurfürstendamm 193/194 wird der ***Bürgersteig elektrisch geheizt***, damit Schneeflocken wegschmelzen und somit der Winterdienst überflüssig ist.

094 // In Berlin Kreuzberg gibt es den ***einzigen veganen Sexshop*** Deutschlands.

095 // DIE INSCHRIFT VOR DER AFFENFIGUR AM WELTKUGELBRUNNEN BEIM EUROPA-CENTER: »EIN MANN, DER SICH ERGÖTZT AN EINER BLUME, DOCH EI! WOZU DAS LANGE SCHWERT?« IST EIN HAIKU DES JAPANISCHEN DICHTERS MUKAI KYORAI (1651–1704).

---

096 // Über der Tür in der Stargarder Straße 12a steht in großen Lettern ***»Eduard Breitkopf«***. Jemand hat sich diesen Namen auf Facebook als Fakeaccount genommen mit dem einzigen Kommentar »Bin in Berlin«.

097 // Die Schwarzwälder Likör-Spezialität ***»Kirsch mit Ei«*** (Eierlikör mit Kirschwasser) der Brennerei Weisenbach wird in Berlin unter dem Namen ***»Berliner Rührei«*** verkauft.

098 // Eierlikör wird in Berlin ***Klötenkorn*** genannt.

099 // Die 2014 ausgeschiedene langjährige Chefin der ***Berliner Stadtreinigung*** heißt mit zweitem Nachnamen ***»Butzlaff«***.

DER SICH
BLUME
DOCH
WOZU
DAS LANGE

100 // Der Einsatz eines ***Feuerwehr-Löschfahrzeuges*** kostet in Berlin 4,70 Euro die Minute.

101 // IM JAHR 2013 RÜCKTE DIE BERLINER FEUERWEHR 48.514-MAL UMSONST AUS.

---

102 // 61,4 Millionen Deutsche ***kennen*** den Fußballklub ***Hertha BSC.***

103 // 9,14 Millionen Deutschen ist der Fußballklub ***Hertha BSC unbekannt***.

104 // Der berühmte ***Kaufhauserpresser Dagobert***, der in den 90er-Jahren das KaDeWe erpresste, wohnt heute ganz in dessen Nähe und kauft dort ab und zu ein.

105 // An ***Knöllchen-Bußgeldern*** nimmt die Stadt Berlin im Jahr 70 Millionen Euro ein.

106 // Der Gründer eines Berliner Start-Up-Unternehmens, das daran arbeitet, dass künftig ***Haustüren ohne Schlüssel*** zu öffnen sind, heißt Peter ***Dietrich***.

107 // In Berlin werden 3.300 Straßenlaternen ***immer noch mit Gas*** betrieben.

108 // Das ***französische Restaurant*** »Domaines« am Müggelsee war früher ein ***Toilettenhäuschen***.

Feuermelder.
Missbrauch strafbar.

109 // ***Auf der Speisekarte*** des »Domaines« stehen »Moelleux au chocolat« (flaumiges Schokoladeküchlein mit weichem Kern) und »Aperol Spritz«.

110 // Im Zoologischen Garten, in dem keine Hunde außer Blindenhunde erlaubt sind, steht eine ***Skulptur zu Ehren des deutschen Blindenhunds***.

111 // ***In die Kugel des Berliner Fernsehturms*** würde der Inhalt von 121.429 Badewannen passen.

112 // Die Odenwalder Marzipanmanufaktur verkauft im Kaufhof am Alex ein ***Marzipan-Hähnchen*** unter der bayrischen Bezeichnung ***»halbes Hend'l«***.

113 // IN BERLIN MITTE WIRD ALLE 48 SEKUNDEN EIN KNÖLLCHEN VERTEILT.

114 // Der US-Softwareriese »Microsoft«, der oft als ***Inbegriff des Kapitalismus*** herhielt, hat seine Hauptstadtrepräsentanz im selben Gebäude Unter den Linden 17, in dem lange Zeit die Buchhandlung ***»Das sowjetische Buch«*** zu finden war.

115 // Andreas Thamm, der im Müggelsee fischt, ist der ***einzige Berliner Berufsfischer*** mit eigenem Fischladen.

116 // ***»Ohropax«*** wurde zu Beginn des 20. Jahrhunderts vom Berliner Apotheker Max Negwer erfunden.

P
3D
Gebührenhöhe
1 € / Stunde
Gebührenzeiten
Montag bis Samstag 9 - 24 Uhr
Automat wechselt nicht
430438
100430
Zahlen Sie Ihre Parkgebühren in Zukunft mit dem Handy!
Wieder mal kein Kleingeld?
Parkschein einfach per » SMS «
APP
Senden Sie:
per SMS an die Nummer:
831201
Preise wie am Automaten!

radio
Montech says goodbye
the final mixes
30. April / 01. May
SO36
Montech says goodbye
the final mixes
30. April / 01. May
SO36
After Work
SO36
Roller Skate Disko
EVERY 3RD MONDAY!
@ SO36
FR 25.04. DRIVETRAIN AKA DERRICK THOMSON
SA 26.04. ANGEL ALANIS
AM 30. APRIL TANZEN WIR AB 21 UHR MIT KEITH TYNES IN DEN MAI
LIVE IS LIFE NA NA NA NA NA
WWW.JAGGER-BERLIN.DE
DER LIVE-MUSIK CLUB
LIVE IS LIFE NA NA NA NA NA
WWW.JAGGER-BERLIN.DE
DER LIVE-MUSIK CLUB
nur 1 Tag in Berlin!
19.01.14
TEMPODROM
24/4/14
BERLIN

117 // Im Jahr 2013 lebten in Berlin ***1.195 Staatenlose***.

118 // Die ***Groninger Straße*** im Wedding hat ihren Namen von derselben Stadt Groningen wie der deutsch-holländischstämmige ***Simpsons-Erfinder Matt Groening***.

119 // Beim Sat.1-Frühstücksfernsehen am 29.4.2014 trug ***Miss Piggy***, die Werbung für den Film »Die Muppets 2« machte, einen Hut in Form des ***Berliner Fernsehturms***, entworfen von der Berliner Hutdesignerin Jasmin Reuter.

120 // Der mobile Kaffeeverkäufer am Tempelhofer Feld hat für Mütter mit Kleinkindern ***Notfallwindeln in Größe 6*** für zwei Euro das Stück im Angebot.

121 // Einer der schlimmsten Nazi-Verbrecher, ***Gestapo-Chef Heinrich Müller***, wurde in einem Massengrab am ***Jüdischen Friedhof*** an der Großen Hamburger Straße begraben.

122 // Die gesamte ***Skulptur »Molecule Man«*** in der Spree zwischen Oberbaum- und Elsenbrücke wiegt etwa 45 Tonnen.

123 // ***Vor dem Mid-America Kongresszentrum*** in Iowa steht eine identische Skulptur des »Molecule Man«, allerdings nur halb so groß.

124 // Molecule Man heißt ein Super-Bösewicht im Marvel-Comic ***»Fantastic Four«***.

125 // 300.000 BERLINER LEBEN DIREKT ODER INDIREKT VOM TOURISMUS.

126 // DAS 18 CM LANGE LINKE OHR STALINS UND EIN TEIL SEINES SCHNAUZBARTES IM CAFÉ SIBYLLE IN DER KARL-MARX-ALLE 72 SIND DIE LETZTEN ÜBERBLEIBSEL EINER 4,60 METER GROSSEN STALINSTATUE, DIE 1961 IN EINER NACHT-UND-NEBEL-AKTION ZERSTÖRT WURDE.

---

127 // Am Kurfürstendamm kann man ***alle 40 Meter*** etwas zu essen kaufen.

128 // ***Die indische Metropole Mumbai*** hat 288 km^2 weniger Fläche als Berlin, aber um 9,1 Millionen mehr Einwohner.

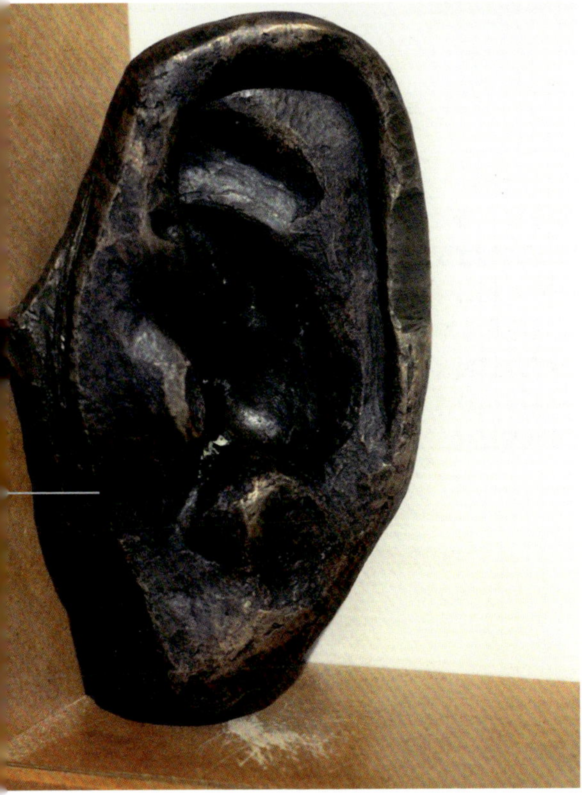

129 // Am Alexanderplatz fährt ***ein rotes Polizeiauto*** Streife. Es handelt sich um ein speziell belüftetes Fahrzeug der Diensthundestaffel.

130 // ***Die meisten Berlin Besucher*** kommen aus den USA vor Großbritannien, Italien und den Niederlanden.

131 // IM »APPLE«-STORE AM KURFÜRSTENDAMM WAR ZUVOR EIN KINO, DAS 1913 MIT DEM FILM »INSEL DER SELIGEN« ERÖFFNET WURDE.

132 // DIE BEIDEN SKULPTUREN IM 2. UND 4. STOCK DES NEUEN KU'DAMM-ECKS GEHÖREN ZUSAMMEN: EINE STELLT DIE DREI GÖTTINNEN HERA, APHRODITE UND HELENA DAR, DIE ANDERE DEN TROJANISCHEN KÖNIGSSOHN PARIS. DAS GANZE ENSEMBLE ZUSAMMEN HEISST »DAS URTEIL DES PARIS«.

---

133 // In der Torstraße wurde ein Lokal nach der ***Kommune-1-Ikone Uschi Obermaier*** »Muschi Obermaier« benannt.

134 // Berliner Studenten geben durchschnittlich ***35 Prozent ihres Einkommens*** für die Wohnungsmiete aus.

135 // ***Das Tor des Monats*** wurde bis 2014 insgesamt 14-mal für einen Berliner Verein geschossen (11-mal Hertha, je ein Mal Union, Blau Weiß 90 Berlin, Tennis Borussia Berlin).

136 // Vor 250.000 Jahren war Berlin eine Seen- und Sumpflandschaft. Der häufigste Bewohner war eine ***Sumpfdeckelschnecke*** namens »Viviparus diluvianus«.

137 // In der Unternehmenszentrale der Außenwerbefirma ***»Wall AG«*** in der Friedrichstraße 118 befindet sich im Erdgeschoss eine Filiale der ***»Wall Street English«-Sprachschule***.

138 // Das einzige Gebäude der nur 50 Meter langen ***Thusnelda-Allee in Moabit*** ist die Heilandskirche, deren Kirchturm mit 87 Metern höher als die Straße lang ist.

139 // Im Keller des Flughafens Tempelhof fing durch eine Sprengung der russischen Truppen ein Filmarchiv Feuer und brannte drei Tage bei 1.200 Grad aus. Über der verrußten Tür ist ein Schild angebracht, auf dem steht: ***»No Smoking. Rauchen verboten.«***

140 // ***Im Flüsschen Wuhle*** wurden früher neue Fußballer des 1. FC Union »getauft«.

141 // Der ***1. FC Union*** ist jetzt Pate der Wuhle.

142 // Unter den Linden 62–68, an der Stelle, an der bis 1910 das ***Berliner Aquarium*** »zur Darstellung der belebten und unbelebten Natur, der Tier-, Pflanzen- und Steinwelt« stand, befindet sich heute die Verwaltung des Deutschen Bundestags.

143 // AN BERLINS GEWÄSSERN SIND 299 RETTUNGSRINGE MONTIERT.

144 // Pro Jahr werden insgesamt 550 bis 600 Rettungsringe entlang der Spree ***gestohlen oder beschädigt***.

145 // Das Fluggästeaufkommen für den ***Standort Berlin*** beträgt im Jahr 2016 mehr als 31 Millionen Fluggäste. Der neue Flughafen ist aber nur für bis zu 27 Millionen konzipiert.

146 // 20 Prozent der Euromünzen werden ***in Berlin geprägt***.

147 // Jede Stunde werden in Berlins Geschäften etwa ***30.000 Tüten*** ausgegeben.

Berl
Feuerwehr

148 // Zur Behebung von Vandalismusschäden zahlt die BVG im Jahr etwa 4 Millionen Euro. Für 4 Millionen Euro bekommt man mehr als ***zehn neue Doppeldeckerbusse***.

149 // Der Turm »Living Levels« an der East Side Gallery, auf dem ***ehemaligen Todesstreifen***, gehört dem ***Ex-Stasi-Spion*** Maik-Uwe Hinkel.

150 // ***Wenn Deutsche das Wort »Berlin« Englisch aussprechen***, betonen sie meist die erste Silbe (»Böööhlin«). In Wirklichkeit wird Berlin im Englischen aber so wie im Deutschen auf der zweiten Silbe betont (»Bölinn«).

151 // DIE NEUEN AM BODEN STEHENDEN ABFALLEIMER IM REGIERUNGSVIERTEL UND AM KURFÜRSTENDAMM HEISSEN »SANTO«, WENN SIE AN EINER STANGE ANGEBRACHT SIND »SANTOLINO«.

---

152 // Eine der Attraktionen im ehemaligen Vergnugungspark ***Luna-Park am Berliner Halensee*** war eine Wackeltreppe mit einem Gebläse am Ende, das die Röcke der Damen hochhob.

153 // Jedes zweite ***als Souvenir angebotene Stückchen*** der Berliner Mauer ist nicht echt.

154 // DIE BEIDEN PERSONENAUFZÜGE IM BERLINER FERNSEHTURM KÖNNEN IM NOTFALL AUF GLEICHE HÖHE GEFAHREN WERDEN, UND MAN KANN VON EINER KABINE IN DIE ANDERE UMSTEIGEN.

---

155 // Auf Berlins Straßen landen ***2,9 Milliarden Kippen*** im Jahr.

156 // ***Das Maskottchen »Ritter Keule«*** des 1. FC Union kann man für private Feiern für 150 bis 250 Euro mieten.

157 // Es wurde bereits damit begonnen, den Berliner Fernsehturm in den Müggelbergen zu bauen, als man merkte, dass er dadurch ***in der Einflugschneise des geplanten Flughafens*** Schönefeld stehen würde.

158 // Zwischen 2001 und 2014 nahm der ***Fahrradverkehr*** in Berlin um 44 Prozent zu.

159 // TIERÄRZTIN DR. ANGELIKA WEDEL, DIE DIE ÜBER 110 VÖGEL IN DEN RIESENKÄFIGEN DES NEUEN KRANZLER-ECKS BETREUT, HAT IM WEDDING EINE EIGENE PAPAGEIEN-PENSION.

---

160 // ***Der Internet-Blog »What Berliners don't say«*** mit Sätzen wie »Ach wie nett, ein Musikant in der U-Bahn!« wird von einem Bayern geführt.

161 // Die älteste Flaschenpost der Welt wurde am 17. Mai 1913 vom Berliner Beamten Richard Platz geschrieben, an die ehemalige Cecilienstraße 7 in Baumschulenweg adressiert, und in Dänemark ins Meer gelassen, wo sie am 4. März 2014 ***vom Ostseefischer Konrad Fischer entdeckt wurde***.

162 // BESITZER, DIE VOM ORDNUNGSAMT PER ZETTEL AUFGEFORDERT WERDEN, IHR SCHROTTFAHRRAD ZU ENTSORGEN, HABEN IN NEUKÖLLN ZWEI WOCHEN, IN SCHÖNEBERG DREI WOCHEN UND IN PANKOW VIER WOCHEN ZEIT, BEVOR DIE STADTREINIGUNG DAS RAD ABHOLT.

163 // ***Die Chefin der Berliner Verkehrsbetriebe*** bekommt ein Jahresgehalt von 433.543 Euro. Das Gehalt des Regierenden Bürgermeisters pro Jahr: 165.408 Euro.

164 // Der insolvente ehemalige Besitzer des Erlebnisparks »Spreepark« in Treptow-Köpenick versuchte 2004 in einem Seitenarm des Fahrgeschäfts ***»Fliegender Teppich«*** 167 kg Kokain von Peru nach Deutschland zu schmuggeln.

165 // IM »EROTICA«-SEXSHOP IN DER ROSA-LUXEMBURG-STRASSE KANN MAN EIN »SEITENSPRUNGZIMMER« FÜR DIE LÄNGE EINES SEXFILMS FÜR 20 EURO FÜR 2 PERSONEN MIETEN.

166 // In Wittenau gibt es die Straße ***»Lange Enden«***, während man in Karow den ***»Kurze-Enden-Weg«*** findet.

167 // 1981 hatten 50 Prozent der Ost-Berliner Wohnungen ***kein Bad, keine Dusche und keine Innentoilette***.

168 // An der Stelle, an der Herta Heuwer 1949 die ***Currywurst erfand***, ist heute ein ***Asia-Supermarkt***.

169 // Eine Currywurst mit Pommes hat ***825 Kilokalorien***.

170 // Im Film ***»Die Bourne-Verschwörung«*** spielt eine Szene in einem Moskauer Supermarkt. In Wirklichkeit wurde die Szene in der »Kaiser's«-Filiale Tempelhof in der Germaniastraße gedreht.

171 // Bei Google Maps ist der Berliner Zoo im Jahr 2014 immer noch verschlagwortet mit den Worten: ***»eisbär knut - besuch wert«***

172 // »SUPERGEIL«-STAR FRIEDRICH LIECHTENSTEIN LEBT AN DER ROSA-LUXEMBURG-STRASSE.

173 // Die lila Schminke, mit der die Milka-Kuh in der Fernsehwerbung angemalt wurde, stammt von der Berliner ***Firma »Kryolan«***, die spezialisiert auf Filmblut ist.

BANZHAF
ic! berlin

174 // IN DER KREUZBERGER ADALBERTSTRASSE 88 GIBT ES DEN ERSTEN »OBST-DÖNER«.

175 // Das gesamte Gebäude des ***futuristischen Luxushauses L40*** an der Rosa-Luxemburg-Straße berührt an keiner Stelle den Boden. Zwischen Bausubstanz und Erde liegt eine Schaumschicht, um Erschütterungen zu dämmen.

176 // Der Berliner Verein »c-base« behauptet in seinen Vereinsstatuten, der Alex sei die ***aus dem Boden ragende Antenne*** einer vor 4,5 Milliarden Jahren in Berlin abgestürzten Raumstation.

177 // Die Berliner S-Bahn entfernte allein im März 2014 ***11.400 Quadratmeter Graffiti***.

178 // Unter dem SED-Regime wurden in dem Haus Ecke Torstraße/Prenzlauer Allee ***»Säuberungen zur innerparteilichen Disziplinierung«*** geplant. Heute befindet sich darin das Soho House inklusive einer Spa-Abteilung mit ***Dampfbad und Hamam***.

179 // Von Juli bis August 2014 war wegen Bauarbeiten die A111 auf der Höhe des Heckerdamms ***Deutschlands einzige Autobahn mit Fußgängerampel***.

180 // ***Chinesische Luxus-Touristen*** geben pro Tax-free-Einkauf in Berlin durchschnittlich 594 Euro aus.

181 // FÜR DIE ENTFERNUNG EINES AUFKLEBERS AUF DEM LEUCHTSCHILD EINER U-BAHN-STATION BEKOMMT DIE REINIGUNGSFIRMA ZWEI CENT.

182 // Zwei Hertha-Verteidiger, Max Fischer und Emil Domscheidt, waren die ersten in Deutschland, die ***die Abseitsfalle*** anwandten.

183 // Das KaDeWe verkauft pro Jahr genauso ***viele Champagner-Flaschen*** wie seine Verkaufsfläche Quadratmeter hat, nämlich 60.000.

184 // ***Das berühmteste München-Lied*** »In München steht ein Hofbräuhaus« wurde von dem Charlottenburger Wiga Gabriel im Berliner Café am Zoo komponiert. Angeblich schrieb er die Noten auf die Titelseite der Berliner Illustrierten.

185 // ***Laut einem Beschluss der Siegermächte*** im Zweiten Weltkrieg sollte die Siegessäule gesprengt werden.

186 // In Berlin sind offiziell ***45.505 Waffen*** registriert.

187 // Die Buslinie TXL war im Jahr 2013 ***insgesamt 3.904-mal so überfüllt***, dass kein Passagier mehr zusteigen konnte.

188 // Für 8.000 bis 20.000 Euro kann man ***in einem Berliner Museum***, wie z. B. dem Pergamonmuseum, eine Party feiern.

189 // ***Mit dem Ausflugsdampfer »Hertha«*** in Wusterhausen/Dosse, der der Namensgeber für den Fußballklub Hertha BSC war, fahren von 32.000 Hertha-Fans pro Jahr nur etwa 50.

190 // »Futschi-Stiefel-Spandau«, »Teletubbiezurückwinker«, »Plumpe Mucke«, »FC Hein Blöd - Nie mehr 2. Liga« und »1. Band-Scheiben-Club« sind ***Hertha-BSC-Fanclubs***.

191 // ***Die WG aus der TV-Sendung*** »Berlin – Tag & Nacht« befindet sich in der Schlesischen Straße 38. Im selben Gebäudekomplex findet einmal im Monat die Party »Irrenhouse« statt.

192 // Die ***Siegessäule*** auf dem Großen Stern war zuerst 50,***66*** Meter hoch. Nachdem sie um eine Säulen-Trommel erweitert wurde, ist sie nun ***66***,89 Meter hoch.

193 // Die historischen grünen Berliner Toilettenanlagen, oft ***»Café Achteck«*** genannt, hatten in Wirklichkeit den Modellnamen ***»Waidmannslust«***.

194 // Die historischen ***achteckigen*** Toilettenanlagen bieten Platz für ***sieben Männer***.

195 // Die BVG beschäftigt in Berlin ***Graffiti-Fahnder***, um die Stellen aufzuschreiben, die mit Tags besprüht wurden und gereinigt werden müssen.

196 // Die Aufnahmegebühr für den exklusiven ***»China Club«*** am Hotel Adlon beträgt 10.000 bis 15.000 Euro und die Clubgebühr 2.000 Euro jährlich.

197 // Das Hoheitszeichen der Feuerwehr, ***der Berliner Bär inmitten Flammen und Äxten***, ist als Marke eingetragen und patentrechtlich geschützt.

198 // Die jemenitische Version des berühmten ***Berliner U-Bahnmusicals »Linie 1«*** heißt »Mak Nazl« und spielt in einem ***Kleinbus***, weil es im Jemen keine U-Bahn gibt.

199 // Jeanette Biedermann war ***Friseurlehrling bei Udo Walz***.

200 // Unter dem Namen »Murus berlinensis« verkauft eine Londoner Apotheke ein homöopathisches Mittel gegen Abschottung, in das ***pulverisierte Teile der Berliner Mauer*** eingearbeitet sind.

201 // IN DER VOSSSTRASSE 1, UNTER DER DER FÜHRERBUNKER LAG, IN DEM ADOLF HITLER 1945 SEINEM LEBEN EIN ENDE SETZTE, BEFINDET SICH HEUTE DAS CHINARESTAURANT »PEKING-ENTE«.

---

202 // Im Chinarestaurant »Peking-Ente« steht die Speise ***»Lieblingsessen des großen Vorsitzenden«*** auf der Speisekarte.

203 // In Berlin-Mitte sterben 40 Prozent mehr Menschen an ***Lungenkrebs*** als in Treptow-Köpenick.

204 // In ganz Berlin gibt es neben dem Ampelmännchen ***kein »Ampelfrauchen«***.

205 // 47,3 Prozent der Deutschen machen den ***Führerschein mit 17 Jahren***. In Berlin sind es 14,6 Prozent.

206 // DER PANTOFFELMACHER RENO JÜNEMANN, DER DAS »PANTOFFELECK« IN DER TORSTRASSE IN VIERTER GENERATION LEITET, GEWANN BEI GÜNTHER JAUCH 125.000 EURO.

207 // Klaus Wowereits ***letzter Tag im Bürgermeisteramt*** war der 11. Dezember 2014. 33 Jahre zuvor, am 11. Dezember 1981, kämpfte Muhammad Ali den letzten Kampf seiner Karriere, den er verlor.

208 // Das ***Limited-Edition-Haarspray »Berlin«*** von Wella trägt den Untertitel ***»Sexy Welle«***.

209 // 6,25 Millionen Euro kostet ***die teuerste Wohnung in Berlin*** in der Luxus-Residenz »Yoo«.

210 // Die Adresse des ***Vorführ-Luxusgebäudekomplexes*** »Yoo« lautet Am Zirkus 1.

211 // Der offizielle Termin für die Grenzöffnung zwischen der DDR und der BRD wäre der ***22. Dezember 1989*** gewesen.

212 // IN EINEM U-BAHN-WAGEN (DER ÄLTEREN BAUREIHE) IST CA. 800-MAL DAS STILISIERTE BRANDENBURGER TOR GANZ ODER ZUM TEIL AUF DEN GLASSCHEIBEN ZU SEHEN.

---

213 // Beim stilisierten Brandenburger-Tor-Aufkleber in den älteren U-Bahn-Wagen sind ***die Säulen perspektivisch falsch*** dargestellt.

214 // Im März 2011 klebte das Künstlerpaar SZMU2 ***zwischen die Brandenburger-Tor-Aufkleber*** in den U-Bahnen internationale Bauwerke im selben Stil wie den Eiffelturm, Big Ben oder den schiefen Turm von Pisa.

215 // In der Kirche der Westernstadt ***»Old Texas Town« in Spandau*** werden gültige Ehen geschlossen.

216 // IN DER ERHALTENEN TOILETTE IM KAISERSAAL UNTER DEM SONY-CENTER KANN MAN IN DIESELBEN SCHÜSSELN MACHEN, DIE SCHON KAISER WILHELM II. BENUTZTE.

---

217 // Der ***Bioabfall Berlins*** landet in der Kompostierungsanlage in Grüneberg bei Oranienburg, wo damit Äcker gedüngt werden.

218 // Beim Oktoberfest im »Le Prom« an der Landsberger Allee gibt es in der VIP-Lounge ***eine Maß Champagner***.

219 // ***Die Liebesinsel*** in der Rummelsburger Bucht in Lichtenberg hieß ursprünglich ***Diebesinsel***.

220 // In der ehemaligen DDR-Haftanstalt Rummelsburg in Lichtenberg, in der sich je sechs Häftlinge eine Zelle von 14 Quadratmetern teilen mussten, befinden sich heute durchschnittlich ***80 Quadratmeter große Luxusapartments***.

221 // An der Ostküste Kanadas gibt es ein ***»West Berlin«*** und ein ***»East Berlin«***.

222 // Die internationalen Tageszeitungen »La Repubblica«, »Le Monde« und »The Guardian« erscheinen im ***Berliner Format***. Die »Berliner Zeitung« erscheint im Rheinischen Format.

223 // »BERLINE« NANNTE MAN IM 18. JAHRHUNDERT EINE BESONDERS GEFEDERTE PFERDEKUTSCHE. DIE FRANZOSEN SAGEN IMMER NOCH ZU EINER LIMOUSINE, DIE AUF JEDER SEITE ZWEI FENSTER HAT, »BERLINE«.

224 // Berlin-Besucher bleiben durchschnittlich ***2,4 Tage*** in Berlin.

225 // ***Die italienische Firma »Francia«*** erzeugt in Tempelhof nach original italienischem Rezept Mozzarella, von dem die Hälfte nach Italien exportiert wird.

226 // Die ***estländische 2-Euro-Gedenkmünze*** »10 Jahre Europa« wurde von der Münzprägeanstalt ***»Staatliche Münze Berlin«*** in Reinickendorf geprägt.

227 // Alle in Berlin geprägten Euro-Münzen tragen das ***Prägezeichen »A«***.

228 // AUF DEM LÄNGSTEN ERHALTENEN BERLINER MAUERABSCHNITT WURDE VON BODO SPERLING 1990 DAS BILD MIT DEM LÄNGSTEN TITEL DER EAST SIDE GALLERY GEMALT (»DIE TRANSFORMIERUNG DES PENTAGRAMMS ZU EINEM FRIEDENSSTERN IN EINEM GROSSEN EUROPA OHNE MAUERN«).

---

229 // Obwohl Berlin mit insgesamt 15 Sternen die Stadt mit den meisten Guide-Michelin-Auszeichnungen im deutschsprachigen Raum ist, gibt es ***kein Drei-Sterne-Restaurant in Berlin***.

230 // Die erste Berliner Köchin mit einem ***Michelin-Stern*** ist seit 2014 Sonja Frühsammer. Ihr Mann Peter Frühsammer war 1985 der damals jüngste Sternekoch Deutschlands.

231 // ***Erich Honecker*** saß im Premieren-Kino International an der Karl-Marx-Allee immer in der fußfreien Reihe 8 auf Platz 15.

232 // Rein rechnerisch fahren alle BVG-Fahrzeuge zusammen täglich ***8,7 Mal rund um die Erde***.

233 // Eines der ersten industriell hergestellten Fertiggerichte, die ***Erbswurst***, wurde vom Berliner Koch Johann Heinrich Grüneberg 1867 erfunden. Sie wird heute noch von »Knorr« erzeugt.

234 // Pro Tag werden in Berlin in über 1.300 Dönerbuden insgesamt ca. ***27 Tonnen Döner*** verkauft.

235 // Für das Kunstprojekt »Trickle Down« gegen die Vermarktung von Städten formte der Künstler Andreas Siekmann ***eine Kugel aus 13 gepressten Stadtmaskottchen***, darunter einen »Buddy Bear« aus Berlin.

236 // ***Im Olympiastadion*** befinden sich über doppelt so viele Damen- (237) wie Herren-WCs (86). Dafür gibt es 465 Urinale.

237 // Ein Ortsteil der brandenburgischen Stadt Wittstock/Dosse heißt ***Berlinchen***.

238 // Das Hefegebäck Berliner Pfannkuchen heißt ***in Finnland »Berliininmunkki«*** (»Berliner Mönch«).

239 // Jeder Fünfte fällt beim ***Sport-Einstellungstest*** der Berliner Polizei durch.

240 // STRASSENMUSIKER DÜRFEN NUR AUF 42 DER 173 BERLINER U-BAHNHÖFE SPIELEN.

---

241 // Tom Tykwers Film »Lola rennt« bekam im Jahr 1999 beim Deutschen Filmpreis in Berlin noch ein ***»goldenes Filmband«*** verliehen. Erst ein Jahr danach entstand die ***Siegerstatuette »Lola«***.

242 // Die Clubs ***»Möbel Olfe«*** und ***»Farbfernseher ab 98.-DM«*** wurden nach Reklameschildern an ihren Häusern benannt.

243 // Eine der ersten Kundinnen von Thomas Hanisch, Absolvent der Berliner Modeschule Esmod, war ***Lady Gaga***. Sie trug öffentlich seine schrillen Kleider.

244 // 215 PASSAGIERE WURDEN 2013 IN STRASSENBAHNEN DER BVG VERLETZT.

245 // Im Kino Babylon in der Rosa-Luxemburg-Straße wurde das ***Finale der Fußball-WM*** in Brasilien mit Orgelmusik und Samba-Trommlern statt TV-Kommentar übertragen.

246 // Die Berliner Verwaltung gibt für Büromaterial, Aktenordner, Kopier- und Toilettenpapier, Büroreinigung u. Ä. ***pro Jahr 47,3 Millionen Euro*** aus.

247 // Auf der DVD des Films ***»Ted« mit Mark Wahlberg*** gibt es eine eigene Tonspur, bei der der sprechende Teddy Berlinerisch spricht.

248 // 9.152 Straftaten wurden 2013 in Berlin von über 60-Jährigen, ***sogenannten »Ü-60-Tätern«***, verübt.

249 // Die Adress-Endung ».berlin« war die ***weltweit erste Städteendung*** im Netz.

250 // ***Über 43.000 Internetadressen*** enden mit ».berlin«.

251 // Auf der Liste der bei Urlaubern aus aller Welt beliebtesten deutschen Wahrzeichen der Reisewebseite »Tripadvisor« sind ***fünf Berliner Sehenswürdigkeiten*** auf den ersten zehn Plätzen: Plenarbereich des Reichstagsgebäudes (Platz 1), Brandenburger Tor (4), Holocaust-Mahnmal (5), Gedenkstätte Berliner Mauer (6), East Side Gallery (10).

252 // ***Die beliebtesten Babyvornamen 2014*** sind in Berlin Emma und Ben.

253 // DAS CAFÉ KRANZLER HATTE VON 1950 BIS 1986 EINE FILIALE IN FRANKFURT AN DER HAUPTWACHE.

254 // Mit dem schnellsten ICE fährt man ***von Berlin nach München*** in 6 Stunden 7 Minuten. In derselben Zeit könnte man von ***Berlin nach Doha in Katar*** fliegen.

255 // Vor dem Angelhaus Koss im Wedding hängt ein ***Maden-Automat***, an dem sich Angler am Wochenende lebende Maden ziehen können.

256 // Leo Maximilian Baginski erfand 1932 in seiner Fabrik in Pankow ***die Spalt-Tablette***, weil er Kopfschmerztabletten eine Form geben wollte, die man auch im Dunkeln ertasten kann.

257 // Am 5. März 1927 wurde im Berliner Sportpalast ***die erste »Miss Germany«*** gewählt. Mit in der Jury: Boxlegende Max Schmeling.

258 // DIE FIGUR VOR DEM EINKAUFSZENTRUM ALEXA HAT IN IHREM INNEREN EIN HERZ MIT DEM BERLINER BÄREN DARAUF.

259 // In der Oderstraße in Teltow kann jeder, der will, ein halbes Jahr lang ein ***altes Mauerstück bemalen und verkaufen***, solange er ein Drittel der Einnahmen an den Besitzer, die Lagerhaus KW, abgibt.

260 // Beim ersten ***Berlin-Marathon*** 1974 nahmen 286 Läufer teil, heute sind es regelmäßig über 40.000.

261 // IN BERLIN LEBEN ETWA 10.000 TAUBEN.

262 // Der Sitz des Ost-Berliner ***Volkspolizei-Präsidiums*** war in der Keibelstraße am Alex. Früher hieß diese Straße ***Schießgasse***.

263 // Polizisten, die ***zum Schutz bei den Mai-Krawallen*** abkommandiert sind, wiegen in ihrer Schutzkleidung 25 Kilo mehr.

264 // Der Minutenzeiger der Berliner ***Rathaus-Uhr*** ist zwei Meter lang, der Stundenzeiger 1,30 Meter.

265 // 1991 waren 2,4 Prozent der in einem Jahr ***fertiggestellten Wohnungen*** Eigentumswohnungen, im Jahr 2013 waren es 26,7 Prozent.

266 // 20 PROZENT DER STÖRUNGEN AN DEN INSGESAMT 365 ROLLTREPPEN DER BVG WERDEN VERURSACHT, WEIL JEMAND AUS SPASS DEN NOTSTOPP-KNOPF DRÜCKT.

267 // Der Sitz der ***Nationaldemokratischen Partei Deutschlands*** war in den 1920er-Jahren in der ***Mohrenstraße***.

268 // Das höchstgelegene »Berlin« der Welt liegt ***in den argentinischen Anden*** auf 4.500 Meter Höhe. Es besteht aus drei Lehmhütten, einer Feuerstelle und einem Viehgatter.

269 // ***Das exklusive Tauben-Loft*** am Dach des Hauses Potsdamer Platz 11 soll eine ruhende Taube symbolisieren.

270 // ***Der letzte ICE***, der am Bahnhof Zoo hielt, war am 28. Mai 2006 um 0.23 Uhr der ICE 592 aus München.

271 // AM NEUEN KU'DAMM-ECK HÄNGT EIN 104 M^2 GROSSER WERBE-VIDEOSCREEN. DAS 1998 ABGERISSENE ALTE KU'DAMM-ECK BESASS EINE WERBEWAND, DIE MIT 270 M^2 MEHR ALS DOPPELT SO GROSS WAR.

272 // Die Werbewand am alten Ku'damm-Eck, die Werbungen, Nachrichten und Wetterberichte im Wechsel zeigte, war ***die größte Wandzeitung Deutschlands***.

273 // Bei den ***Bearpit-Karaoke-Shows*** im Mauerpark wird normalerweise niemand ausgebuht, obwohl der Gründer Joe Hatchiban das mit dem Namen der Show bezweckte. Im »Bearpit« (»Bärenzwinger«) wurden früher Bären von den Zuschauern mit Stöcken gehänselt.

274 // FÜR DEN SCHUTZ VON BOTSCHAFTEN SOWIE DIE VERKEHRSLENKUNG UND ABSICHERUNG VON GROSSVERANSTALTUNGEN ZAHLT DIE BERLINER POLIZEI PRO JAHR ETWA 118 MILLIONEN EURO.

275 // Im Russisch-Orthodoxen Friedhof in Tegel geht man auf einer ***5 cm dicken Schicht aus 4.000 Tonnen russischer Erde***, die 1894 mit der Bahn nach Berlin gebracht wurden, damit die Gläubigen in ihrer Heimaterde begraben werden können.

276 // Der Berliner Kriminalkommissar Ernst Gennat verwendete 1930 als Erster den Ausdruck ***»Serienmörder«***.

277 // In Berlin beginnt nur eine Straße mit »X«, die ***Xantener Straße in Wilmersdorf***.

278 // Jede 26. ***Straftat*** in Berlin findet auf dem Alexanderplatz statt.

279 // Im Jahr 2013 wurden in Schöneberg Nord ***4.449 Diebstähle*** angezeigt, in Karow 449.

280 // Das ***Afrikanische Viertel***, in dem sich Afroshop an Afroshop reiht, hieß schon vor dem Ersten Weltkrieg so.

281 // Im Afrikanischen Viertel im Wedding wollte Carl Hagenbeck einen Park errichten, in dem er ***afrikanische Tiere und afrikanische Menschen*** vorführen wollte.

282 // AUF DEN STRASSEN BERLINS STEHT DURCHSCHNITTLICH ALLE 12 METER EIN BAUM.

283 // 3,7 Prozent der Berliner Studenten sind zur Finanzierung ihres Studiums im ***Rotlichtmilieu*** beschäftigt.

284 // Die offizielle Adresse des Berliner Fernsehturms, in dessen Restaurant man über die ganze Stadt blicken kann, lautet ***Panoramastraße 1A***.

285 // Büromenschen in Berlin-Mitte und Kreuzberg können im Studio »Nickerchen« in der Zimmerstraße für acht Euro 20 Minuten lang ein Power-Napping machen.

286 // IN GANZ BERLIN GIBT ES ETWA 224.000 STRASSENLEUCHTEN MIT ÜBER 200 VERSCHIEDENEN LEUCHTENTYPEN.

---

287 // Von 22 fest installierten ***Geschwindigkeitsmess-Säulen*** der Berliner Polizei befinden sich nur fünf im Ostteil Berlins.

288 // Die TV-Sendung »Berlin – Tag & Nacht« hat über ***3,3 Millionen Facebookfreunde***.

289 // Jede Sendung von »Berlin – Tag & Nacht« erreicht in sozialen Netzwerken ***4,8 Millionen Aktivitäten***.

290 // Im März 2014 gab es in Berlin ***850 Prozent mehr Schwarzfahrer*** als im März 2013.

291 // Das Schneidrad der ***Tunnelbohrmaschine »Bärlinde«***, die den U5-Tunnel bohrt, kostet 600.000 Euro.

292 // ***Dem Gewinner des Namenswettbewerbs*** für die U5-Bohrmaschine, Eckhard Noack aus Marzahn-Hellersdorf, fiel der Name »Bärlinde« in der U-Bahn ein.

293 // Berlin ist neben München die einzige Stadt Deutschlands, die ***sechs Einkaufsmeilen mit jeweils über 5.000 Passanten*** pro Stunde besitzt.

294 // Die ***Villen-Insel Schwanenwerder*** in Steglitz-Zehlendorf war ursprünglich sandig und kahl und hieß ***Sandwerder***.

295 // Im Jahr 1916 stand der ***männliche Vorname*** Berlin an 987. Stelle der meist verwendeten amerikanischen Vornamen.

296 // VON DEN ACHT HELDENHAFTEN JÜNGLINGS-SKULPTUREN AUF DER SCHLOSSBRÜCKE SIND VIER BEDECKT UND VIER NACKT.

---

297 // ***Die weibliche Stimme***, die die Ansagen in den Berliner Bussen und U-Bahnen spricht, ist auch in Duisburg, Hagen, Frankfurt (Oder), Magdeburg, Münster, Nürnberg und Potsdam zu hören.

298 // Im Lunapark stellten 1925/26 Zwergwüchsige ***das Leben in einer ganzen Stadt dar*** (»Zwergenstadt«).

299 // Mit 3.000 m^2 ist ***die »Loxx« im Einkaufscenter Alexa*** die größte Modelleisenbahnanlage der Welt.

300 // Ein Berliner Raubmord, bei dem der Täter einen Mantel am Tatort zurückgelassen hatte, ***führte am 6. November 1938 zur ersten Fernsehfahndung*** der TV-Geschichte.

301 // DIE KREUZBERGER »KONRAD TÖNZ«-BAR, DIE NACH DEM LEGENDÄREN SCHWEIZ-KORRESPONDENTEN VON »AKTENZEICHEN XY UNGELÖST« BENANNT WURDE, SPERRT STILECHT UM 20.15 UHR AUF.

---

302 // ***Die originale Currywurst-Soße***, deren Rezept die Erfinderin Herta Heuwer mit ins Grab nahm, bestand aus Tomatenmark, Worcestersauce, Curry und zwölf indischen Gewürzen.

303 // ***Die Firma »Kraft«*** (heute »Mondelēz«) wollte angeblich ohne Erfolg das Rezept und das Markenrecht von Herta Heuwer bekommen.

304 // Die originale Currywurst-Soße wurde ***unter der Nummer 721319 als Marke*** eingetragen.

305 // An der Gedenktafelenthüllung in der Kantstraße 101 zu Herta Heuwers 90. Geburtstag 2003 nahm Brigitte Grothum ***aus der TV-Serie »Drei Damen vom Grill«*** teil.

BECK'S
vom Faß
BECK'S
vom Faß
BECK'S
BECK'S
löscht Kenner-Durst.
TÖNZ
JEVER

306 // Das in Berlin spielende bekannte Kinderbuch ***»Emil und die Detektive«*** von Erich Kästner sollte ursprünglich ein Buch über ein schwarz-weiß gestreiftes Kannibalenmädchen namens Petersilie werden und »Petersilie im Urwald« heißen.

307 // Im Berliner Buchstaben-Museum kann man das ***»U« vom U-Bahnhof Frankfurter Tor*** oder das »M« der Markthalle am Alex besichtigen.

308 // Für 30 Prozent der Berliner ist die Wohnungsnot ***das wichtigste Thema der Stadt***.

309 // Durchschnittlich hat jeder Berliner einen ***Wohnraum von 40,1 m^2*** zur Verfügung.

310 // Bei der Errichtung des ***Holocaust-Mahnmals*** in der Ebertstraße wurde darunter der Kommandobunker von ***Joseph Goebbels*** entdeckt.

311 // Zweimal wöchentlich transportiert ein ***20-Tonnen-Lkw*** den Großteil der Delikatessen für das KaDeWe von einem Großmarkt in Rungis bei Paris nach Berlin.

312 // VON INSGESAMT 173 U-BAHNHÖFEN IN BERLIN HABEN NUR 94 PERSONENAUFZÜGE.

313 // Berliner Blau ist ***das erste moderne Farbpigment***, das nicht in der Natur vorkommt.

314 // Johann Leonhard Frisch, der an der Entwicklung des Berliner Blaus beteiligt war, schrieb ein Gedicht über den Berliner Bären, das aufgeschrieben die ***Form eines Bären*** hat.

315 // In dem Gebäude, in dem ***»Der blaue Engel«*** uraufgeführt wurde, befindet sich heute eine Filiale von ***»United Colors of Benetton«***.

316 // ***Der Strom für Berlin*** ist ein Geflecht aus 36.000 km Kabeln mit ca. 25.000 Knoten und 2,3 Millionen Enden.

317 // Gäbe es keine Stromumleitung, würden bei einem einzigen Defekt im Hochspannungsnetz ***80.000 Berliner im Dunkeln*** sitzen.

318 // Um die gesetzlichen Vorgaben an die Lebensmittelkontrolle zu erfüllen, müssten in Friedrichshain-Kreuzberg ***15 Lebensmittelkontrolleure*** tätig sein. Es sind aber nur ***fünf***.

319 // ***Der durchschnittliche Berliner*** ist 42,9 Jahre alt.

320 // Ende März 1928 eröffnete mit dem ***Eiscafé Monheim*** die erste Eisdiele Berlins. Sie steht noch immer in der Blissestraße.

321 // DAS GLOCKENLÄUTEN DER KAPELLE IM OLYMPIASTADION IST EINE TONBANDAUFNAHME DES LÄUTENS DER GEDÄCHTNISKIRCHE.

322 // Die Schriftart, in der die meisten Beschriftungen der BVG gehalten sind, heißt ***FF Transit*** und basiert auf Frutiger.

323 // Das ***»Berliner System«***, mit dem Korallenriffaquarien besser betrieben werden können, ist die weitest verbreitete Methode zur ***tropischen Meerestierhaltung.***

324 // In Google Maps kann man sich genau auf der Ecke Alt-Kladow/Imchenallee ***virtuell in das Innere einer Berliner City-Toilette*** begeben.

325 // Auf einer Wohnhausanlage in Friedrichsfelde wurde von der französischen Künstlergruppe CitéCréation auf 22.000 m^2 ***das größte bewohnte Wandbild der Welt***, das »Friedrichsfelder Triptychon«, gemalt.

326 // Für das größte Wandbild der Welt wurden ***13.732 Liter Farbe***, 345 Pinsel und 120 Rollen Abklebeband verbraucht.

327 // Kasseler Fleisch wurde im 19. Jahrhundert ***vom Berliner Fleischermeister Cassel*** erfunden.

328 // ***Etwa 99.000 Hunde*** sind in Berlin steuerlich gemeldet. Laut Schätzungen leben tatsächlich an die 200.000 Hunde in Berlin.

329 // An den ***Kurfürstendamm 76*** schließt nach dem Lehniner Platz gleich die Hausnummer 90 an. Die Nummern 77-89 existierten niemals.

330 // DER BETRIEB DES WELTKUGELBRUNNENS VOR DEM EUROPACENTER KOSTET FÜR 5 MONATE IM JAHR 75.000 EURO.

---

331 // ***Der verwirklichte Entwurf des Weltkugelbrunnens*** von Joachim Schmettau erhielt bei einem bundesweiten Wettbewerb den zweiten Preis. Ein erster Preis wurde nicht vergeben.

332 // An einer schwer einsehbaren Stelle an der Rückseite des Weltkugelbrunnens ist ein kaum lesbares Schild angebracht, auf dem steht: ***»Kein Trinkwasser«***.

333 // Die ***Mini-Imbiss-Currybude*** in der Rankestraße hat ein eigenes Gästebuch im Internet und eine selbst kreierte Soße namens »Opium«.

334 // 18,8 PROZENT DER BERLINER KINDER KÖNNEN NACH DER DRITTEN GRUNDSCHULKLASSE NOCH NICHT SCHWIMMEN.

---

335 // ***Berliner Brot*** ist ein traditionelles Weihnachtsgebäck im Bergischen Land.

336 // In den neuen Berliner U-Bahnen sind ***niedrigere Sitze*** für Kleinwüchsige eingebaut.

337 // Auf dem »Erasure«-Musikvideo »Run to the Sun« von 1994, in dem Sänger Andy Bell auf der ***Weltzeituhr am Alex*** tanzt, sind noch die Städtenamen »Leningrad« und »Alma Ata« zu lesen, die inzwischen in »St. Petersburg« und »Almaty« umgeändert wurden.

338 // DIE SKULPTUREN IN DEN FÜNF KREUZBERGER PAUL-LINCKE-HÖFEN SIND NACH DEN WENIG BEKANNTEN GRIMM-MÄRCHEN »SECHSE KOMMEN DURCH DIE GANZE WELT«, »DIE ZWÖLF BRÜDER«, »DIE WASSERNIXE«, »VON DEM MACHANDELBOOM« UND »DER MOND« GESTALTET.

Ka
De
We

339 // Der Berliner Verleger Johannes Miesler erfand Ende des 19. Jahrhunderts die Ansichtskarten mit dem Aufdruck ***»Gruß aus*** …«.

340 // Auf elf Nachtbuslinien der BVG kann man sich mit dem Bus ***bis vor die eigene Haustüre*** fahren lassen.

341 // In Berlin werden von der Stadtreinigung pro Jahr ***350.000 Weihnachtsbäume*** eingesammelt und zu Brennholz verarbeitet.

342 // Die zwei ehemaligen »Metropolitan«-Zuggarnituren mit ***einer luxuriösen Ausstattung für beide Klassen*** fahren heute als ICE ausschließlich zwischen Berlin-Gesundbrunnen und München.

343 // IM OBERSTEN STOCK DES KADEWE SIND EINIGE FENSTER ZUGEMAUERT.

344 // Da die Nachbildung der türkischen Steinterrassen von Pamukkale im Görlitzer Park nach nur wenigen Wochen zerbröckelte, wurde der Bildhauer Wigand Witting zu einer ***Schadenersatzzahlung von 1,1 Millionen Euro*** verurteilt.

345 // Das ***Spreedreieck*** gehört dem Investor Harm Müller-***Spreer***.

346 // ***Der Fernsehsender Paul Nipkow*** in Berlin strahlte ab 22. März 1935 das erste regelmäßige Fernsehprogramm der Welt aus. Es gab deutschlandweit etwa 250 Zuschauer und 75 angemeldete Empfangsgeräte.

347 // Die Kennfarbe der U5, die unter anderem an der ***Station Tierpark*** hält, ist ***Rehbraun***.

348 // Nach einem ***Spiel im Olympiastadion*** (mit bis zu 74.000 Besuchern) passen jeweils 3.000 Personen auf einen Bahnsteig des nahe gelegenen Bahnhofs Spandau.

349 // DIE BERLINER STREET-ART-KÜNSTLER WURSTBANDE HABEN EIN T-SHIRT MIT DEM ROT-BLAU-SCHWARZ-WEISSEN CAMOUFLAGEMUSTER EINES ALTEN U-BAHN-SITZES BEDRUCKT.

350 // Im Elefantenhaus des Tierparks Berlin in Friedrichfelde findet man das Mosaik ***»Entwicklungsgeschichte der Rüsseltiere«***.

351 // 2010 stahlen Buntmetalldiebe die ***Büste des Schriftstellers Alfred Döblin*** am Frankfurter Tor. 2011 fraßen chemische Prozesse die großen Buchstaben am TLG-Haus am Alex auf, die eine Passage aus ***Döblins Roman*** »Berlin Alexanderplatz« ergaben.

352 // ***Am feuchten Winkel*** in Pankow stand 2014 eine Lagerhalle ***in Flammen***.

353 // Die ***Petersallee*** im Wedding wurde 1986 in ***Petersallee*** umbenannt.

354 // Ein ***»Berliner Testament«*** ist ein gemeinschaftliches Testament von Ehe- oder Lebenspartnern, in dem sie sich gegenseitig als Alleinerben einsetzen.

355 // Der häufigste Nachname in Berlin ist ***Schmidt vor Müller, Schulz, Schneider und Lange***.

356 // 2013 wurden Berliner Theater- und Opernhäuser ***2,9 Millionen Mal*** besucht, während Kinovorstellungen ***9,4 Millionen Mal*** besucht wurden.

357 // ***Der erste Schnelltriebwagen der Deutschen Bahn*** DR 877 verkehrte ab 15. Mai 1933 zwischen Berlin Lehrter Bahnhof und Hamburg Hauptbahnhof.

358 // Für die Strecke Berlin-Hamburg benötigte der DR 877 zwei Stunden 18 Minuten. Diese Zeit schaffte ***erst 64 Jahre*** später ein ICE.

359 // Turnvater Jahn gründete 1810 in der Hasenheide bei Berlin den Deutschen Bund zur Befreiung und Einigung Deutschlands, aus dem der ***erste öffentliche Turnplatz*** Deutschlands hervorging, zusammen mit ***11 Freunden***.

360 // DAS EISGESCHÄFT NEBEN DEM »FISCHLADEN« AUF DER SCHÖNHAUSER ALLEE 128 HEISST »LINKS VOM FISCHLADEN«.

361 // Das ***Sportgerät Barren*** wurde von Turnvater Jahn in Berlin erfunden.

362 // ***Fassbrause*** wurde 1908 vom Berliner Chemiker Dr. Ludwig Scholvien erfunden. Sie bestand damals aus Wasser, Malz und einem Konzentrat aus Süßholzwurzeln und Äpfeln.

363 // Mit der Inschrift auf dem ***Theater des Westens*** »Hanc domum artis colendae causa condidit. Anno MDCCCLXXXXVI Bernhard Sehring.« hat sich der Architekt selbst verewigt (»Dieses Haus gründete Bernhard Sehring im Jahr 1896, um die Kunst zu pflegen.«).

364 // 2013 hatten in Berlin ***1.796.000 Haushalte einen Festnetzanschluss*** und immerhin noch 473.000 Haushalte ein Faxgerät.

Links vom Fischladen
Frisch aus
Best of British

Der Fischladen
Der Fischladen

MALL OF BERLIN
ToysRus
BABiESRus
ToysRus
H&M

365 // DIE MITARBEITER DER »MALL OF BERLIN« ERHALTEN, DA SIE IM OSTTEIL BERLINS BESCHÄFTIGT SIND, PRO JAHR DURCHSCHNITTLICH 1.170 EURO WENIGER GEHALT ALS DIE MITARBEITER DER NAHEN »POTSDAMER PLATZ ARKADEN«.

366 // Das ***Haushaltsnettoeinkommen*** eines Berliner Haushalts liegt bei durchschnittlich 1.675 Euro.

367 // ***Eine Berliner Stunde dauert 62 Minuten***. Es ist die Gesamt-Redezeit im Deutschen Bundestag für alle Parteien. Damit die Zeit zwischen den Fraktionen genau aufgeteilt werden kann, einigte man sich auf 62 Minuten.

368 // In der Alten Bibliothek am Bebelplatz, in der Lenin 1895 die Werke von Marx und Engels studierte, ist er heute noch als Ikone am Glasfenster ***»Lenin in Deutschland«*** von Frank Glaser zu sehen.

369 // Die Berliner Wohnungsbaugesellschaften »Degewo« und »Stadt und Land« haben in ihren Gewerberaum-Mietverträgen ***Klauseln gegen rechtsextreme Nutzung***.

370 // Die ***erste deutsche Agentur für hässliche Models*** wurde von dem Engländer Del Keens in Berlin gegründet.

371 // ***Über 6.000 akademische Quereinsteiger*** haben sich als Lehrer für den Schuldienst 2014/15 in Berlin gemeldet. Genommen wurden 300.

372 // Über die Osterfeiertage befinden sich ***regelmäßig über 2 Millionen Besucher*** in Berlin.

373 // 1998 prognostizierte die Berliner Senatsverwaltung für Stadtentwicklung ***3,36 Millionen Einwohner*** für das Jahr 2015. 2014 waren es bereits ***3,41 Millionen***.

374 // Die Stoffhülle, mit der ***der Reichstag von Christo und Jeanne-Claude*** 1995 verhüllt wurde, wurde nach dem Abhängen recycelt und zu Nadelfilz umgearbeitet.

375 // Der Ortsteil Hellersdorf hieß ursprünglich ***Hellwichstorf***.

376 // Der ***durchschnittliche Berliner Mann*** ist 1,79 m groß und wiegt 82,8 kg. Die ***durchschnittliche Berliner Frau*** misst 1,65 m und wiegt 67,2 kg.

377 // ***2014 urteilte das US-Musikmagazin*** «Rolling Stone» aufgrund einer Recherche im Club Berghain in Friedrichshain, dass Berlin nicht mehr hip sei.

378 // Das Zimmer in dem spacigen ***Kunst-Hotel »Propeller Islands Lodge«*** in Wilmersdorf, in dem man das 1,6 m hoch an vier Tauen hängende Bett nur über eine Leiter erreichen kann, wird aus Sicherheitsgründen nicht an Übergewichtige vermietet.

379 // Der ***Brite Adham Fisher*** fuhr an einem Tag alle 173 Berliner U-Bahnhöfe in der Rekordzeit von 8 Stunden, 2 Minuten und 56 Sekunden ab.

380 // Nicht nur beim Flughafen BER, sondern auch vor der Eröffnung des Shopping-Zentrums »Mall of Berlin« am Leipziger Platz gab es ***Probleme mit dem Brandschutz***.

381 // In Italien bedeutet das Sprichwort ***»mettere alla berlina«*** »sich zum Gespött machen«.

382 // Als ***»Berlinmutter«*** bezeichnen im Deutschen Wörterbuch von 1863 die Gebrüder Grimm ***Perlmutt***.

383 // ***Die Märchenonkel der deutschen Nation***, die Gebrüder Grimm, sind in Berlin begraben.

384 // ***Auf dem Grabstein E.T.A. Hoffmanns*** auf den Friedhöfen vor dem Halleschen Tor steht »E.T.W. Hoffmann«, da er eigentlich Ernst Theodor Wilhelm hieß.

385 // Aus 320 kg Hefeteig, 1.000 Eiern und 200 kg Mehl wurden 2014 vor dem Friedrichsstadt-Palast ***5.555 Berliner Pfannkuchen*** hergestellt und zur längsten Pfannkuchenreihe der Welt aneinandergereiht.

386 // DIE STADT GÖRLITZ, NACH DER DER GÖRLITZER PARK BENANNT IST, HAT DURCH IHRE GRENZNÄHE MIT EINEM ZUNEHMENDEN DROGENPROBLEM ZU KÄMPFEN.

387 // Der Komponist Irving Berlin (»White Christmas«) hat mit Berlin nichts zu tun. Er wurde als ***Israel Isidore Beiline*** in Russland geboren und nahm den Namen Berlin als Künstlernamen an, nachdem er so versehentlich auf ein Notenblatt gedruckt worden war.

388 // Meyers Konversationslexikon von 1888 behauptet, dass »nach statistischen Berechnungen in den Adern der Berliner ***37 Prozent germanisches, 39 Prozent romanisches und 24 Prozent slawisches Blut***« fließe.

389 // Im Berliner Kaiser-Wilhelm-Institut für Chemie wurde zum ersten Mal ***ein Atom gespalten***.

390 // Das Neubau-Wohnprojekt ***Chausseestraße 88*** hat nur 71 Wohneinheiten, während das Projekt one2one auf der Chausseestraße 121 aus ***88 Wohneinheiten*** besteht.

Mohrenstraße
4

391 // AN DER CHAUSSEESTRASSE/ ECKE LIESENSTRASSE ERINNERT DIE INSTALLATION »KANINCHENFELD« MIT IN DIE FAHRBAHN EINGELASSENEN KANINCHENFIGUREN AN DEN TODESSTREIFEN, DER SICH HIER BEFAND. GENAU AN DIESER STELLE WURDE DAS LUXUSWOHNBAUPROJEKT »THE GARDEN« HOCHGEZOGEN.

---

392 // Die 32.000 Euro teure ***Plastik »Vater und Sohn«*** von Stephan Horota, die seit 1971 im Volkspark Prenzlauer Berg stand, wurde 2012 zusammen mit der Plastik »Junger Fuchs« desselben Künstlers gestohlen.

393 // Im Berliner ***Büro von Günther Jauch*** steht am Fensterbrett ein Stein des Brandenburger Tors.

394 // IN VIELEN REISEFÜHRERN WIRD ANGEGEBEN, DASS DER ROTE MARMOR DER NEUEN REICHSKANZLEI BEIM BAU DER U-BAHN-STATION MOHRENSTRASSE GEGENÜBER WIEDERVERWENDET WURDE. ES HANDELT SICH ABER UM KALKSTEIN MIT DER FARBE »DEUTSCH-ROT« AUS DEM SAALBURGER BRUCH IN THÜRINGEN.

---

395 // ***»Wodka Gorbatschow«*** wird seit 1921 in Berlin erzeugt und hat nichts mit dem russischen Politiker Michail Gorbatschow zu tun.

396 // Der ehemalige Flughafen Tempelhof ist eine von weltweit zehn Rennstrecken ***der neuen Elektromotor-Rennserie Formel E***.

397 // In dem im Zweiten Weltkrieg als Luftschutzbunker genutzten unterirdischen Keller des Flughafens Tempelhof sind aufmunternde ***Verse und Figuren*** aus Wilhelm Buschs vorletztem Werk »Balduin Bählamm, der verhinderte Dichter« aufgemalt.

398 // Die ***Supermarktkassen*** von »REWE Rahmati« in Köln signalisieren mit Berliner Ampelmännchen, ob sie offen oder geschlossen sind.

399 // IN BERLIN GIBT ES EIN HANFMUSEUM, IN DEM SICH EINMAL PRO WOCHE MENSCHEN, DIE PROBLEME MIT DEM BETÄUBUNGSMITTELGESETZ HABEN, KOSTENLOS VON EINEM ANWALT BERATEN LASSEN KÖNNEN.

HANF
Museum

400 // Am 2. Juni 1915 hielt Albert Einstein die erste öffentliche Vorlesung über die Relativitätstheorie ***im Vortragssaal der Treptow-Sternwarte*** (heute Archenhold-Sternwarte).

401 // Am Hauptbahnhof gibt es für ***täglich 300.000 Fahrgäste*** nur 17 Toilettenschüsseln.

402 // Die ***tausendste Rote Karte*** der Bundesligageschichte bekam 2009 der Hertha-Stürmer Andrej Woronin.

403 // Obwohl über 20 Jahre seit dem Abzug der letzten französischen Streitkräfte aus Berlin vergangen sind, gibt es immer noch 18 Straßen in Berlin, ***die mit »Rue« beginnen*** (z. B.: »Rue du Capitaine Jean Maridor«).

404 // In den ***ehemaligen französischen Alliiertensiedlungen*** wie der Cité Foch oder der Cité Pasteur sind die Straßenschilder wie in Frankreich blau und haben eine weiße Schrift.

405 // DER MERCEDESSTERN AM EUROPACENTER WIRD NACHTS VON 681 EIN METER LANGEN KUNSTSTOFFRÖHREN BELEUCHTET.

406 // Ein Maler, der im 5. Jahrhundert v. Chr. in Athen ca. 250 Vasen bemalt hat, heißt ***»Berliner Maler«***, weil sein berühmtestes Werk in der Berliner Antikensammlung ausgestellt ist.

407 // ***Die Dschungelmotive auf den Fliesen*** des U-Bahnhofs Hermannstraße sind gewählt worden, weil sie Graffitisprayer vom Übersprayen abhalten sollen.

408 // Das finnische UFO-Haus »Futuro« in Oberschöneweide, das im ehemaligen Spreepark stand, gehört heute einer Berliner Außenrequisiteurin und diente als Kulisse in der ***Kinderserie »Terra MaX«*** mit dem Sohn von Didi Hallervorden.

409 // Der ***durchschnittliche Besucher einer Berliner Bibliothek*** ist eine berufstätige, sportliche 39-jährige Frau mit abgeschlossenem Studium.

410 // IN FRIEDRICHSHAIN UND KREUZBERG FÜHLT SICH JEDER DRITTE VON BERLIN-TOURISTEN GESTÖRT, WÄHREND 88 PROZENT ALLER BERLINER SICH DURCH DEN TOURISMUS NICHT GESTÖRT FÜHLEN.

411 // In Berlin beginnen ***368 Straßennamen*** mit »Am« (von »Am Adlergestell« bis »Am Zwirngraben«).

412 // ***29 Prozent aller Wege*** werden in Berlin zu Fuß zurückgelegt.

413 // Zum Höhepunkt der deutschen Inflation kostete am 22. November 1923 eine ***Straßenbahnfahrt in Berlin 150.000 D-Mark***.

414 // Die meisten Deutschen, die einen ***Fernbus*** schon einmal benutzt haben oder es vorhaben, sind die Berliner mit 60 Prozent.

415 // Fast jeder dritte Berliner hat einen ***Migrationshintergrund***.

416 // IN BERLIN GIBT ES 2.325 KINDERTAGESSTÄTTEN UND 333 ALTENHEIME.

KREUZBERG
BLEIBT
UNHÖFLICH

Senioren-Domizil
Invalidenstraße
120

WHITE
LIGHT
MAKE
YOUR
FEET
FEEL
GOOD

417 // Für ***»Wildpinkeln«*** zahlt man in Berlin 20 Euro, während man z. B. in Schwerin zwischen 100 und 1.000 Euro zahlen muss.

418 // Die ***Zinsen***, die Berlin für seine Schulden zahlen muss, sind mehr als München Schulden hat.

419 // In Berlin leben insgesamt ***186 verschiedene Nationalitäten***.

420 // Der REWE-Konzern eröffnete 2014 im Berliner Einkaufszentrum »The Q« das Restaurant »Oh Angie!« mit Gerichten wie ***»Angies Lieblingspasta«*** oder ***»Angie visits Checkpoint Charlie«***.

421 // IM »FRITZCLUB« IM POSTBAHNHOF STEHT EIN AUTOMAT MIT BALLERINASCHUHEN FÜR 9 EURO.

422 // Die meistgesehene Oper in Berlin 2013 war ***Mozarts »Zauberflöte«***.

423 // Die Staatsbibliothek zu Berlin besitzt die ***Originalpartitur*** von Mozarts »Zauberflöte«.

424 // Etwa 5 Prozent aller Straßen Berlins sind ***gleich benannt***. Es gibt allein elf Waldstraßen.

425 // Auf der Liste »The World's 50 Best Restaurants« des britischen »Restaurant Magazine« lag 2014 erstmals das Berliner Restaurant ***»Tim Raue« auf Platz 78***.

426 // Im 11. Stock des Plattenbaus »Kulturhochhaus« in Marzahn gibt es in der sogenannten »Pension 11. Himmel« ein ***»Prinzessinnenzimmer«***.

427 // Ilka Bessin alias »Cindy aus ***Marzahn***« kommt aus ***Luckenwalde in Teltow-Fläming***.

428 // In der Kunst wird die Wunde des gekreuzigten Jesus immer rechts dargestellt. ***Am Relief an der Siegessäule*** hat Jesus am Kreuz durch eine Kriegsbeschädigung die Wunde auf der linken Seite genau am Herzen.

429 // Die Verkaufsfläche des KaDeWe ist ***so groß wie 8,5 Fußballfelder***.

430 // BERLINS 21.500 PAPIERKÖRBE WERDEN PRO JAHR 5,7 MILLIONEN MAL GELEERT.

---

431 // 24 Prozent des Inhalts der orangen ***Berliner Wertstofftonnen*** gehören da nicht hinein.

432 // Das 1971 in der Pallasstraße in Schöneberg eröffnete »Peace Food« ***war der erste Bio-Laden Europas***.

Gib Gummi
Kaugummis bitte hier rein.
So orange ist nur Berlin
BSR

433 // Am 30. Juli 2013 wurde das 45 Kilo schwere denkmalgeschützte runde ***S-Bahn-Logo am Ostkreuz*** gestohlen.

434 // 63 Prozent der Berliner sind ***konfessionslos***.

435 // Durch Schwarzarbeit entsteht der Stadt Berlin eine ***Schadenssumme*** von 60 Millionen Euro im Jahr.

436 // In Berlin leben etwa ***9.000 Wildtiere*** wie Fuchs, Dachs oder Waschbär.

437 // IM U-BAHNHOF HEIDELBERGER PLATZ FINDEN SICH AN JEDER SÄULE ANDERE IN STEIN GEMEISSELTE TIERE, UND ZWAR KRABBE, HASE, EULE, WIESEL, IGEL, SCHILDKRÖTE MIT ECHSE, RATTE, ADLER, FISCH UND LANGUSTE, FUCHS, FLEDERMAUS, FROSCH, MULCH, BIBER, EICHHÖRNCHEN.

---

438 // An der S-Bahn-Station Heidelberger Platz steht auf der einen Seite der ***»Döner Point«*** und auf der anderen Seite die ***»Döner Station«***.

439 // Die meisten Berliner fahren ***einen VW***.

440 // Der sechshöchste Vulkan der Antarktis heißt ***Mount Berlin***.

441 // Alle Bürger Berlins würden ***in 48 Berliner Olympiastadien*** passen.

442 // Der von der Stadt Wien gespendete Trinkbrunnen am Kurfürstendamm vor »Douglas«, Ecke Uhlandstraße, hat ***am Boden ein Auffangbecken***, das als Tiertränke für durstige Hunde und Vögel dient.

443 // DIE GRÜNE PFLANZENWAND AN DER GALERIE LAFAYETTE WIRD PRO JAHR MIT ETWA 76.650 LITERN WASSER BEWÄSSERT.

444 // DIE »GRÜNE MAUER« IM KULTURKAUFHAUS DUSSMANN, DIE VOM SELBEN KÜNSTLER GESTALTET WURDE, BESTEHT AUS ÜBER 6.000 TROPISCHEN PFLANZEN.

445 // In Berlin werden ***täglich 1.477 Straftaten*** begangen.

446 // Der Pfälzer Willy Abel erfand in Berlin Lichtenberg im 19. Jhdt. ***den ersten automatischen Ticketautomaten***, den Eierteiler, die Brotschneidemaschine und das herzförmige Waffeleisen.

447 // In Weißensee gibt es die ***Schule*** am ***Faulen*** See.

448 // Ein in Berlin verfasstes Instrumentalstück von David Bowie und Brian Eno heißt ***»Neukóln«***. Es wurde von den beiden versehentlich nur mit einem »l« geschrieben.

449 // Bei den Olympischen Spielen 1936 in Berlin gab es ein Unentschieden zwischen den japanischen Hochspringern Nishida Shuhei und Ōe Sueo. In Japan ließen sie ihre Medaillen zerteilen und setzten sie als ***»Medaillen der Freundschaft«*** aus halb Silber und halb Bronze wieder zusammen.

450 // Die Werbekampagne ***»be Berlin«*** hat 10,6 Millionen Euro gekostet.

451 // Für den Werbespruch »be Berlin« wurde Klaus Wowereit 2008 vom Verein deutsche Sprache zum ***»Sprachpanscher des Jahres«*** gewählt.

452 // In der ***Wilhelmstraße in Mitte*** befinden sich mit 112 Registrierungen die meisten »Airbnb«-Ferienwohnungen in Berlin.

453 // 32 Prozent der ***»Airbnb«-Gastgeber*** verdienen ihr Geld mit Kunst, Design oder kreativen Dienstleistungen.

454 // Der Blog »spleen24«, in dem User ***ihre verrücktesten Spleens*** eintragen, wurde von dem Werbetexter Christian Brandes in Berlin ins Leben gerufen.

455 // Der Kurfürstendamm wurde im Jahr 2014 zum ersten Mal für den ***»Blitzermarathon«*** vorgeschlagen.

456 // IN BERLIN STEHEN 2.000 VERKEHRSAMPELN.

---

457 // Der Name für die Straße ***»Im Kinderland«*** in Zehlendorf wurde von der SS-Zeitung »Das Schwarze Korps« ausgewählt.

458 // In der Borsigstraße 9 in Berlin Mitte wohnen etwa 15 Parteien, an der Tür hängt aber ein Schild mit ***100 Namen***. Es gehört der Firma »ClevverMail«, die hier Berliner Postadressen für ausländische Firmen anbietet.

459 // In den ehemaligen Räumen der legendären Kommune 1 in der Stephanstraße 60 wurde die Rahmenhandlung der Sat.1-Sketchcomedyserie ***»Die Dreisten Drei – jetzt noch dreister«*** gedreht.

460 // Weltweit gibt es etwa ***118 Orte mit dem Namen Berlin***.

461 // Die Bezeichnung »Berliner Vereinbarungen«, die man auf Kartoffelsäcken lesen kann, ist nur ein anderer Name für die ***»Deutschen Kartoffelgeschäftsbedingungen«***.

462 // Beim nordwestlichen Ausgang der U-Bahn-Station Strausberger Platz wurde der ***Kaufmann Hans Kohlhase*** 1540 hingerichtet. Er war das Vorbild für Heinrich von Kleists »Michael Kohlhaas«.

463 // Der Messe-Veranstalter ***»Bread & Butter«*** hat seinen Sitz im ***»Bohne Haus«*** in der Münzstraße 13.

464 // Die ***ersten beiden kommerziellen Filmvorführungen*** in Deutschland (mit unterschiedlichen Projektionssystemen) fanden beide im Jahr 1895 in Berlin statt.

465 // AN DER MANTEUFFELSTRASSE 103 WURDE SCHERZHAFT EIN WAPPEN MIT DER AUFSCHRIFT »CHÂTEAU MANTEUFFEL« ANGEBRACHT. IM 2014 GEDREHTEN KONSTANZER TATORT »CHÂTEAU MORT« SPIELT FELIX VON MANTEUFFEL MIT.

466 // Bis 2013 lagen die höchste künstliche (Teufelsberg) und natürliche (Großer Müggelberg) Erhebung Berlins gleichauf mit 114,7 Meter über dem Meeresspiegel. 2013 wurde der Trümmerberg Teufelsberg neu gemessen und ist seither ***mit 120,1 Metern der klare Gewinner***.

467 // In Berlin wurde im 18. und 19. Jahrhundert Seide produziert. Noch heute sieht man im ganzen Stadtgebiet ***alte Maulbeerbäume***, die zur staatlich geförderten Seidenraupenzucht gepflanzt wurden.

Ausfahrt freihalten!
Château Monteuffel

468 // Der ***Bildhauer Roman Strobl*** war sowohl an der Entwicklung der Berliner Filmpreisstatuette LOLA als auch der Berliner »Buddy Bear«-Figuren beteiligt.

469 // Auf der Rückseite des blauen Obelisken am Theodor-Heuss-Platz steht neben vielen anderen handgeschriebenen Sätzen auf dem untersten Element als angebliches »Motto des Berliner Bürgers« der Satz: ***»Wenn es in Berlin pfurzt, pfurzt es in der ganzen Welt.«***

470 // DIE FRAUEN-MÖBEL-WERKSTATT BERLIN SCHOKOWERKSTATT WURDE IN DEN EHEMALIGEN RÄUMLICHKEITEN EINER SCHOKOLADENFABRIK ALS VEREIN »SCHOKOSPÄNE« GEGRÜNDET.

471 // Die ***Berliner Milchverkäuferin Anna Schnasing*** erfand im 19. Jhdt. eine vielbeachtete Methode, hohe Multiplikationen mit ihren zehn Fingern zu errechnen.

472 // Der 1888 in Tempelhof gegründete ***»BFC Germania 1888«*** ist der älteste noch existierende Fußballklub Deutschlands.

473 // Von drei Millionen ***Tierversuchen*** deutschlandweit im Jahr 2012 fanden 436.000 in Berlin statt.

474 // DIE BERLINER VOLKSBÜHNE ERHÄLT PRO KARTE EINEN ZUSCHUSS VOM SENAT VON 113 EURO. IHR ERLÖS PRO VERKAUFTE KARTE BETRÄGT DURCHSCHNITTLICH 13 EURO.

475 // Die letzte ***DDR-Filmpremiere*** fand genau am 9. November 1989, dem Tag des Mauerfalls, statt. Es war der erste und einzige DDR-Film mit schwuler Thematik.

476 // Der ehemalige Berliner TV-Sender FAB strahlte 1991 sowohl das 1. deutsche schwule TV-Magazin (»Schrill, Schräg und Schwul«) als auch das ***1. lesbische TV-Magazin*** der Welt (»Läsbisch TV«) aus.

477 // Europas größter Anbieter von ***Tiefkühlpizza*** ist die Berliner Firma Freiberger.

478 // Die ***teuerste Straße im ersten deutschen Monopoly*** war die Insel Schwanenwerder, auf der Joseph Goebbels wohnte. Das soll inoffiziell der Grund dafür gewesen sein, dass er das Spiel 1936 verbieten ließ.

479 // Die Zeugen Jehovas haben in Berlin insgesamt ***30 Begegnungsstätten***. Die Religionsgemeinschaft der Quäker hat in Berlin ***30 Mitglieder***.

480 // Auf eine Telefonzelle am Mehringdamm kleben die Menschen seit dem Bergmannstraßenfest 2013 ***tausende Pin-Zettel***.

481 // »VEGANZ« IN DER SCHIVELBEINERSTRASSE IN PRENZLAUER BERG IST DER ERSTE VEGANE SUPERMARKT EUROPAS.

Veganz
mehr Sitzplätze
im Extraveganz

482 // Jeder achte Berliner Haushalt ist ***überschuldet***.

483 // Die ***älteste Läuferin des Berliner Mauerweglaufs*** war die 73-jährige Sigrid Eichner. Sie absolvierte die 160 Kilometer in 28 Stunden, 12 Minuten und 4 Sekunden.

484 // Der durchschnittliche Preis eines frei stehenden ***Ein- oder Zweifamilienhauses*** in Berlin beträgt 347.000 Euro.

485 // DIE VIER STRASSENLATERNEN AM GENDARMENPLATZ VOR DEM KONZERTHAUS HABEN JE VIER GRÜNE SCHMUCKPLATTEN MIT BIEDERMEIERKÖPFEN. IMMER NUR EINE DIESER VIER PLATTEN IST MIT VIER SCHRAUBEN ANGESCHRAUBT.

486 // Aus Polen kamen im Januar 2014 um 34,9 Prozent ***mehr Touristen nach Berlin*** als im Januar 2013.

487 // Am Bahnhof Alexanderplatz steigen täglich ***250.000 Fahrgäste*** ein oder um.

488 // 32 Jahre lang stand die acht Meter hohe Statue der ***Stadtgöttin Berolina*** am Alex. 1927 fiel sie dem Verkehrskonzept zum Opfer.

489 // Sturmhauben, bei denen nur die Augenpartie frei gelassen ist, gehören ***nicht zur Dienstkleidung*** von Berliner Polizisten.

490 // DIE HEUTE HINTER DEM EUROPACENTER IN DER BUDAPESTER STRASSE VERSTECKTE »MENGENLEHRE-UHR« HAT MIT MENGENLEHRE GAR NICHTS ZU TUN. SIE HEISST EIGENTLICH »BERLIN-UHR« UND FUNKTIONIERT NACH EINEM STELLENWERTSYSTEM MIT DER BASIS 5.

491 // Von der ***Mengenlehre-Uhr*** gibt es eine Flash-Version im Internet.

492 // Die Taxiprüfung in Berlin gilt nach London als ***eine der härtesten Europas***.

493 // In Berlin sind ***18.000 Taxifahrer*** in 7.621 Taxis unterwegs.

494 // Das Bekleidungsgeschäft ***»Der HerrenLaden«*** befindet sich in der Straße ***Am Nußbaum***.

495 // ***Offizielle Straßenpartner*** des Kurfürstendamms sind die Champs-Élysées in Paris, die Wangfujing-Prachtstraße in Peking und die Wiener Einkaufsstraßen.

496 // In Japan wurde der U-Bahnhof Dahlem-Dorf mit seiner Fachwerkkonstruktion 1987 zum ***schönsten U-Bahnhof Europas*** gewählt.

497 // In der Karl-Marx-Straße 1, an der ein ***Karl-Marx-Porträt*** an der Fassade zu sehen ist, befindet sich ein Laden, der ***»Schnäppchen ab 55 Cent«*** anbietet.

498 // »Siegessäule« nennt sich ein queeres ***Onlinemagazin*** aus Berlin.

499 // DIE HANDLÄUFE DER NEU GESTALTETEN RATHAUSBRÜCKE SIND AUS AFRIKANISCHEM MILICIA-HOLZ MIT DEM HANDELSNAMEN »IROKO«.

MÄNNERMODE
WEHRMEISTE
WEHRMEISTER
WEHRMEISTER
AMBUS DREAMS
Peek&Cloppenburg

500 // DER LADEN »WEHRMEISTER« AM ALEX FÜHRT MÄNNERMODE BIS ZU EINER GRÖSSE VON XXXXXXXXL, DAS IST ETWA EIN JOGGINGHOSEN-HÜFTUMFANG VON 192 CM.

501 // ***Laut Sozialstrukturatlas*** sind in der Thielallee im Villenviertel Dahlem bei der Freien Universität die Einkommen, der Anteil der Gebildeten und die Lebenserwartung am höchsten.

502 // Es gibt ***8,9 Prozent reiche*** oder relativ wohlhabende Berliner (ab 2.659 Euro Pro-Kopf-Einkommen netto).

503 // In der Berliner Universität der Künste wurde ein ***Datenhandschuh*** kreiert, der es Taubblinden ermöglicht, ohne Hilfe im Internet zu kommunizieren.

504 // Die Spandauer ***»Neue Straße«*** heißt seit 1991 ***»Am alten Gaswerk«***.

505 // Das Motiv auf der Vorderseite der bekannten afrikanischen ***Goldmünze Krügerrand*** wurde vom Berliner Otto Schulz 1967 entworfen.

506 // DAS BAUARBEITERDENKMAL IN BERLIN MITTE, AUF DEM EINE ARBEITERIN VOR ZWEI BAUKRÄNEN IHRE BRUST AUF DREI ZIEGELSTEINEN ABLEGT, WOBEI IHR VIER BAUARBEITER ZUSEHEN, BEFINDET SICH IN DER RATHAUSSTRASSE 5.

---

507 // Im Jahr 2013 gab es in Berlin mehr ***Rauschgiftdelikte*** (13.348) als ***Wohnungseinbrüche*** (11.566).

508 // Die Sitzbereiche im oberen Ring des ***Olympiastadions*** haben einen Neigungswinkel von 25,4 Grad, die im unteren Ring 23 Grad.

509 // Um den Unterschied zwischen dem »I« und dem »L« bei der Berliner Ilmenauer Straße zu verdeutlichen, gibt es zwei ***verschiedene Straßenschilder***: Eines, wo das »I« als »J« zu lesen ist (»Jlmenauer Straße«), und eines, wo das »L« mit einem Haken geschrieben wurde (»Ilmenauer Straße«).

510 // In den »Raum der Stille« am Brandenburger Tor kommen pro Tag ***durchschnittlich 200 Menschen***.

511 // IM »RAUM DER STILLE« AM BRANDENBURGER TOR BEFINDEN SICH NEUN STÜHLE, VIER HOCKER UND ZWEI SITZKISSEN.

512 // ***450 offizielle Fassadenbilder*** wurden in Berlin an die Wände von Wohnhäusern gemalt.

513 // Für den Wasserfall im Kreuzberger Viktoriapark werden 13.000 Liter Wasser pro Minute 24 Meter ***auf den Kreuzberg hinaufgepumpt***.

514 // 34 Prozent aller in Berlin verkauften Fahrkarten für den öffentlichen Verkehr werden im Bus ***direkt bei den Fahrern*** gekauft.

515 // Die ***erste flächendeckende Videoüberwachung*** in Deutschland wurde Anfang der 1980er-Jahre am Alexanderplatz durch das DDR-Regime eingeführt.

516 // 5,6 PROZENT ALLER AUTOS IN BERLIN HABEN MEHR ALS 200 PS.

517 // Auf dem versteckt liegenden Friedhof Grunewald Forst liegt die Sängerin Christa Päffgen, die als »Nico« mit Andy Warhols Band ***»The Velvet Underground«*** weltbekannt wurde.

518 // In den Innenhöfen der Wohngebäude rund um die »Mall of Berlin« am Leipziger Platz gibt es ***zwei ovale Tartanbahnen*** zum Joggen.

519 // Ein »1. FC Union Berlin«-Blog und -Podcast heißt ***»textilvergehen.de«***.

520 // Im »Milchhäuschen« im Park am Weißen See wurde nach dem Ersten Weltkrieg sowohl Kuhmilch für bedürftige Kinder als auch ***Muttermilch von Ammen*** für die Säuglingskrankenhäuser gesammelt.

521 // DIE BALANCIERENDE FIGUR VOR DEM »IBIS«-HOTEL ECKE PRENZLAUER BERG/ALLEE IST 2,40 METER GROSS.

---

522 // Beim Berlin-Marathon werden die Läufer mit 240.000 Liter Wasser ***in einer Million Trinkbechern*** versorgt.

523 // In Berlin werden pro Jahr ***insgesamt 2.000 Flohmarkt-***, 5.000 Wochenmarkt- und 500 Weihnachtsmarkttage abgehalten.

524 // Bei Veranstaltungen von Fanmeilen bis Straßenfesten landen pro Jahr ***20.000 Tonnen Partymüll*** auf Berlins Straßen.

525 // Der touristische Mittelpunkt Berlins ist der ***Alexanderplatz***. Der tatsächliche, berechnete Mittelpunkt Berlins liegt in Kreuzberg in der ***Alexandrinenstraße***.

526 // Die ***Granitplatte in der Alexandrinenstraße 12–14***, die den Mittelpunkt Berlins markieren soll, liegt 50 cm vom wirklichen Punkt entfernt in einem Gebüsch, damit die Passanten bei Nässe nicht auf der Platte ausrutschen.

527 // 253 Berliner Polizisten sind wegen gesundheitlicher Probleme dauerhaft ***nur eingeschränkt dienstfähig***.

528 // Die ***gesamte Landespolizei*** in Berlin trägt die offizielle Bezeichnung »Der Polizeipräsident in Berlin«.

529 // DER PARISER PLATZ AM BRANDENBURGER TOR GEHÖRT ZUR »REINIGUNGSKLASSE 1«, DAS HEISST, ER MUSS JEDEN TAG GEREINIGT WERDEN.

530 // Tatsächlich wird der Pariser Platz aber ***bis zu dreimal am Tag*** von einem sechsköpfigen Team gereinigt.

531 // Im ***Plattenbau-Haus »Pro Social« in Marzahn*** leben Wohnungslose, Asylbewerber und Berlin-Touristen unter einem Dach.

532 // Vor dem größten Band-Probezentrum Europas, dem ORWO-Haus in Marzahn, liegt die erste nach dem ***Rocker Frank Zappa*** benannte Straße Europas.

533 // VOM PARISER PLATZ AUF DAS BRANDENBURGER TOR BLICKEND, SIEHT MAN 16 RELIEFS, DIE DEN KAMPF ZWISCHEN PFERDEMENSCHEN UND RIESEN DARSTELLEN SOLLEN. DIE RELIEFS 2, 5 UND 15 (VON LINKS) ZEIGEN ABER KÄMPFE ZWISCHEN ZWEI MÄNNERN IN MEHRDEUTIGEN POSEN.

---

534 // Die ***Verkäufer des KaDeWe*** erhalten eine spezielle Schulung für gehobene Kundschaft.

535 // Etwa 60 Prozent der ***Berliner Blumenhändler*** sind Vietnamesen.

536 // ***40.117 Arbeitsunfälle*** wurden 2013 in Berlin registriert.

537 // In Berlin gibt es rund 1,9 Millionen Wohnungen, darunter ***1,6 Millionen Mietwohnungen***.

538 // Ein ***Berliner Polizeibeamter im mittleren Dienst*** verdient etwa 300 Euro weniger als ein Kollege bei der Bundespolizei.

539 // Schon im 18. Jahrhundert waren die Gehaltsunterschiede in Berlin hoch: Carl Philipp Emanuel Bach (der bekannteste Sohn Johann Sebastian Bachs) erhielt ***300 Taler***, Johann Joachim Quantz ***2.000 Taler*** als Hofmusiker.

540 // AUF DEM LUXUSHAUS SCHÖNHAUSER ALLEE 22, DIREKT NEBEN DEM JÜDISCHEN FRIEDHOF, IST EIN ZITAT DES BERLINER DICHTERS KARL FÖRSTER ZU LESEN, DER NSDAP-MITGLIED WAR UND DESSEN EINSTELLUNG ZU ANTISEMITISCHEM GEDANKENGUT NOCH NICHT GANZ AUFGEKLÄRT IST.

541 // In Tempelhof-Schöneberg kommen 200 Einwohner auf einen ***Vollzeitbeamten der Verwaltung***. In Berlin-Mitte sind es 147.

542 // Die ***größte Anzeigetafel Deutschlands*** ist die des Olympiastadions mit 137,5 m^2.

543 // In Berlin fährt zur Seelsorge für die Binnenschiffer eines von deutschlandweit sechs ***Kirchenbooten***, die »Wichern Archenova«.

544 // ***Dem Löwen des Reiterstandbilds*** vor dem »Alten Museum« im Lustgarten stopfen Touristen immer wieder Alltagsgegenstände wie Ringe, Parfümflaschen, Schokolade etc. ins Maul.

545 // Die ersten ***Gedenksteine an NS-Opfer***, die sogenannten »Stolpersteine«, wurden in Berlin von dem Künstler Gunter Demnig ohne behördliche Genehmigung 1996 in der Oranienstraße und in der Dresdner Straße verlegt.

546 // ES WURDEN ÜBER 6.100 STOLPERSTEINE IN BERLINS STRASSEN EINGELASSEN.

547 // Im Jahr 2013 wurden in Berlin ***562.400 Schwarzfahrer*** erwischt.

548 // Straßenmusiker dürfen in Berlin an einem Standort ***nicht länger als eine Stunde***, in Fußgängerzonen nicht länger als 15 Minuten spielen. Danach müssen sie den Standort wechseln.

549 // Auf dem ***Haus der Udo-Walz-Filiale*** am Roseneck steht der Spruch: »Gott gebe allen, die mich kennen, zehnmal mehr, als sie mir gönnen!«

550 // Waschen, schneiden, föhnen kostet ***bei Udo Walz persönlich*** ab 150 Euro.

551 // IM SELBEN HAUS, IN DEM SICH DER HAUPTSALON VON UDO WALZ BEFINDET, IST AUCH DAS »ZENTRUM FÜR ÄSTHETIK«.

552 // 2013 gab es in Berlin 401 Verkehrsunfälle mit ***Feuerwehrautos***.

553 // 2012 erhielt Suzanne von Borsody den Theaterpreis ***»Goldener Vorhang«*** für ihre Rolle in ***»Der letzte Vorhang«***.

554 // Die Maus ***am Fuß des Gertrudendenkmals*** an der Gertraudenbrücke in Berlin-Mitte hat ein blankgeputztes Köpfchen, da es Geldsegen bringen soll, wenn man sie berührt.

555 // ***1.443 Berliner Jugendliche*** haben das Schuljahr 2014 ohne Abschluss beendet.

556 // Für die Prüfung des Abschlussberichts 2013 zahlten die Berliner Verkehrsbetriebe ein ***Honorar von 162.600 Euro***.

557 // ***Ehrenbürger von Berlin*** bekommen eine Jahreskarte der BVG und das Berliner Amtsblatt auf Lebenszeit kostenlos.

558 // Alle Bäume Berlins lassen im Herbst ***zusammen etwa 22 Milliarden Blätter*** fallen.

559 // Zur Beseitigung des Laubs im Herbst hat die Berliner Stadtreinigung ***die leisesten lieferbaren Laubbläser*** der Firma »Stihl« im Einsatz.

560 // DER VORSTANDSVORSITZENDE DER »WALL AG« BEGRÜSSTE AM 19. OKTOBER 2013 PERSÖNLICH DEN EINMILLIONSTEN BESUCHER DER ÖFFENTLICHEN TOILETTENANLAGE AUF DEM ALEXANDERPLATZ.

---

561 // Die ***etwa 100.000 Tonnen Herbstlaub*** in Berlin werden von 1.700 BSR-Mitarbeitern eingesammelt und füllen 2.000 Güterwagons.

562 // 3- bis 6-jährige Kinder werden in Berlin ***zu 99,1 Prozent betreu***t.

563 // Im Zweiten Weltkrieg wurden 80 Prozent der ***Berliner Straßenbeleuchtung*** zerstört.

564 // In der ***Kneipe »Dr. Pong«*** am Prenzlauer Berg steht im winzigen Hauptraum ein Joola-Tischtennistisch, an dem bis zu 50 Gäste gleichzeitig Rundlauf spielen können.

565 // Das ***aus Frankreich importierte Mehl*** für die französische Bäckerei im KaDeWe wird aus Silos im Keller durch Rohre in den siebten Stock hochgepumpt.

566 // ***Die Aufklärungsquote*** der Berliner Polizei liegt bei 43,7 Prozent. Taschendiebstähle und Autoeinbrüche werden nur zu 4 Prozent aufgeklärt.

567 // ***Die Kirchen*** St. Dominicus in Gropiusstadt, St. Markus in Spandau und Zu den heiligen Märtyrern von Afrika in Lichtenrade ***sind baugleich***.

568 // Aufgrund ihrer eigentümlichen, gerippten Kuppel, werden diese Kirchen ***»Melitta-Kirchen«*** genannt.

569 // Die erste offen schwule Kneipe Deutschlands, das ***»Andere Ufer«*** in der Hauptstraße 157 in Schöneberg, heißt heute ***»Neues Ufer«***.

570 // 1976 bis 1978 lebten zwei Häuser weiter in der Hauptstraße 155 ***David Bowie und Iggy Pop***. Heute wohnt in Bowies Wohnung eine Einwanderergroßfamilie.

571 // DAS »DENKMAL FÜR DIE ERMORDETEN JUDEN EUROPAS« WURDE MIT EINEM GRAFFITI-SCHUTZMITTEL DER FIRMA DEGUSSA BEHANDELT, DIE AN DER ERZEUGUNG DES IN DEN KONZENTRATIONSLAGERN EINGESETZTEN GASES ZYKLON B BETEILIGT WAR.

572 // ***Im Inneren*** der einzelnen hohlen Stelen des Holocaust-Mahnmals kommt es im Sommer zu Temperaturen von bis zu 80 Grad Celsius.

573 // In den ersten sieben Monaten des Jahres 2014 hatte die Berliner S-Bahn ***2.661 Stunden und 34 Minuten Verspätung***, das sind insgesamt 111 Tage.

574 // DIE UNSCHÖNEN WEISSEN TÜREN ZU BEIDEN SEITEN DES BRANDENBURGER TORES FÜHREN ZU EINEM LEEREN 250 M² GROSSEN RAUM, DER SOGENANNTEN SOLDATENKAMMER.

575 // Die Soldatenkammer im Brandenburger Tor kann nicht für Events vermietet werden, da die vorgeschriebenen Fluchtmöglichkeiten fehlen. Dennoch gab ein ehemaliger Baustadtrat für Berlin-Mitte dort einen ***Sektempfang zu seinem Abschied***.

576 // ***Richard Wagner*** fehlt aufgrund von Verwitterung seine ***gewaltige Nase*** beim Richard-Wagner-Denkmal in Berlin Tiergarten.

577 // Gegenüber ***des Denkmals von Richard Wagner***, der immer noch unter dem Verdacht des Antisemitismus steht, befinden sich die indische, südafrikanische und türkische Botschaft.

578 // ***Der Name Berlin*** geht auf das Slawische brlo zurück, was so viel wie »trockene Stelle im Sumpf« bedeutet.

579 // ***Nacktmodel Micaela Schäfer*** und Amateur-Pornostar Aische Pervers ließen sich am Tag gegen Homophobie vor dem Brandenburger Tor oben ohne ablichten.

580 // Der Erhalt des Brandenburger Tors kostet ***jährlich bis zu 40.000 Euro***.

581 // DURCH EINEN NEUEN BERLINER TRINKBRUNNEN, WIE ER Z. B. AM JOACHIMSTHALER PLATZ AM KURFÜRSTENDAMM STEHT, FLIESSEN AM TAG 2.000 LITER WASSER.

---

582 // ***Der öffentliche Trinkbrunnen*** am Kurfürstendamm/Ecke Fasanenstraße vor »Starbucks« stellt auf seinen fünf Ringen die Stationen der Wasseraufbereitung (von Grundwasserbrunnen über Filtrierung und Wasserwerkspumpen bis zum Trinkwasser aus dem Hydranten) symbolisch dar.

583 // ***Auf der Weltzeituhr*** am Alexanderplatz stehen die Namen von 148 Städten.

584 // An der ***Weltzeituhr am Alex*** ist die Kachel mit der Aufschrift »Amsterdam - Berlin - Brüssel - Budapest - Madrid - Paris - Prag - Stockholm - Warschau« die einzige Kachel mit mehr als drei Ortsangaben, in der die Städte in alphabetischer Reihenfolge stehen.

585 // In Berlin gibt es ***ca. 14.000 Stockenten***.

586 // Hitlers Architekt Albert Speer baute in Berlin einen 12 Tonnen schweren, 18 m hohen ***Betonkoloss***, um zu testen, wie viel Last Berlins Straßen aushalten.

587 // Pro Stunde gibt es in Berlin ***18 Umzüge*** von einem Stadtteil in einen anderen, das sind 425 Umzüge am Tag.

588 // Die meisten Einwohner aus Berlin-Mitte, die den Bezirk wechseln, ziehen nach ***Pankow***.

589 // DIE BSR HAT AM ALEXANDERPLATZ MÜLLEIMER INSTALLIERT, DIE EIN UNTERIRDISCHES AUFFANGBECKEN VON DREI KUBIKMETERN HABEN UND SO NICHT ALLE DREI STUNDEN GELEERT WERDEN MÜSSEN. DIE BECKEN WERDEN MIT SAUGMASCHINEN GESÄUBERT.

590 // IN BERLIN GIBT ES NOCH ETWA 1.700 ÖFFENTLICHE TELEFONZELLEN. 1994 WAREN ES NOCH 8.300.

591 // Alle ***defekten öffentlichen Telefonhäuschen*** Deutschlands lagern auf dem Gelände des »Fernmeldezeugamtes Berlin, Außenstelle Potsdam« bei Michendorf.

592 // VON DER ORIGINAL-QUADRIGA AUF DEM BRANDENBURGER TOR BLIEB NUR EIN PFERDEKOPF ÜBRIG, DER REST WURDE IM ZUGE DER TRÜMMERBEREINIGUNG EINGESCHMOLZEN.

593 // 1998 stürzte ein ***Mini-Kamera-Hubschrauber*** bei Werbeaufnahmen in die Quadriga am Brandenburger Tor.

594 // Das älteste Naturdenkmal Berlins ist die ***etwa 900 Jahre alte Traubeneiche*** im Schlosspark Tegel, genannt die »Dicke Marie«.

595 // Angeblich haben ***die Brüder Alexander und Wilhelm von Humboldt***, die nahe dem Schlosspark Tegel aufwuchsen, die »Dicke Marie« nach ihrer Köchin Marie benannt.

596 // Am 14. Juli 1881 erschien in Berlin das ***erste deutsche Telefonbuch*** mit 185 Einträgen.

597 // Der Berliner Volksmund sagte zum ersten Berliner Telefonbuch ***»Buch der Narren«***, weil man nicht daran glaubte, dass dieser »amerikanische Schwindel« sich durchsetzen werde.

598 // MIT 3.910 MITARBEITERN UND 35 BERUFSFEUERWACHEN IST DIE BERLINER FEUERWEHR DIE GRÖSSTE IN DEUTSCHLAND.

599 // Der »Grüne Pfeil«, der an einer Ampel das Rechtsabbiegen trotz Rot erlaubt, war eine Erfindung der DDR. Der ***erste westliche »Grüne Pfeil«*** wurde am 1. März 1994 an einer Ampel in Berlin-Wittenau montiert.

600 // DIE FIGUREN AUF DEN RELIEFS AM NEUEN MARSTALL, ECKE SCHLOSSPLATZ/BREITE STRASSE HABEN PROPORTIONAL VIEL ZU GROSSE HÄNDE.

601 // IN BERLIN GIBT ES DURCHSCHNITTLICH ALLE 53 METER EINE BAUSTELLE. IM VERGLEICH DAZU SIND ES IN HAMBURG ALLE 196 METER.

602 // Die Luftfahrtpionierin Käthe Paulus erfand in Berlin den ***zusammenlegbaren Fallschirm***.

603 // Der ***Türkische Friedhof*** am Columbiadamm ist die älteste Begräbnisstätte für Muslime in Deutschland.

604 // In Berlin gibt es ein Museum, das ausschließlich der ***Punkrock-Band »The Ramones«*** gewidmet ist.

605 // Die Frauenfigur »Philosophie« am Schiller-Denkmal auf dem Gendarmenmarkt hält eine Schriftrolle mit dem altgriechischen Text »Gn thi sautón« ***(»Erkenne dich!«)*** in der Hand.

606 // Die Frauenfigur »Geschichte« ***am Schiller-Denkmal*** meißelt neben den berühmten Namen Lessing, Kant, Goethe, Herder, Beethoven, Michelangelo und Shakespeare auch den Namen »Schiller« auf eine Tafel.

607 // Für das Jahr 2015 haben sich doppelt so viele Bewerber auf einen ***Job bei der Berliner Kriminalpolizei*** als auf einen bei der Schutzpolizei beworben, obwohl es dort sechsmal mehr Jobs gibt.

608 // DIE BERLINER STADTREINIGUNG REINIGT PRO JAHR 1,4 MILLIONEN KILOMETER GEHWEGE UND FAHRBAHNEN.

609 // Ganz Berlin verbraucht an einem einzigen Tag ***bis zu 2,5 Milliarden Watt*** an Strom.

610 // Im Jahr 2012 gab es in Berlin 64 Verfahren wegen Menschenhandels im Bereich der ***Prostitution***.

611 // Hagen Koch malte 1961 (als Stasi-Unteroffiziersanwärter) mit Farbe den ***Verlauf der Berliner Mauer*** auf die Straße und war 1989 ***für den Abriss der Mauer*** zuständig.

612 // Am 17. Dezember 1922 wurde im Berliner ***Alhambra-Kinopalast*** am Kurfürstendamm der erste Tonfilm der Welt vorgeführt.

613 // Die ***Ewige Flamme des Mahnmals*** am Theodor-Heuss-Platz brannte 3 Monate lang nicht (3. Oktober – 10. Dezember 1990)

614 // In Berlin wohnen durchschnittlich ***1,75 Personen in einem Haushalt***. Deutschlandweit sind es 2,02 Personen.

615 // BERLINER GRAFFITI-SPRAYER VERURSACHEN JÄHRLICH EINEN SCHADEN VON 35 MILLIONEN EURO.

---

616 // Der 1936 geborene Berliner Hans-Georg Neumann ist der ***am längsten einsitzende Strafgefangene*** Deutschlands.

617 // ***Im Laden »Biosphäre« in Neukölln*** werden Artikel wie Reis, Nudeln, Müsli, Waschmittel etc. offen verkauft und von den Kunden in mitgebrachte Gefäße abgefüllt.

618 // Die Maßeinheit ***Berliner Fuß*** wurde 1773 zugunsten des ***Rheinländischen Fußes*** abgeschafft.

619 // Der in allen Berliner U-Bahn-Stationen aushängende ***Wandstadtplan*** kostet 30 Euro.

620 // Der ***Kenianer Dennis Kimetto*** lief mit 2 Stunden, 2 Minuten und 57 Sekunden beim Berlin-Marathon 2014 als erster Mensch einen Marathon unter 2 Stunden und 3 Minuten.

621 // Die Neu-Hohenschönhausener ***Matibi-Grundschule*** ist nach dem 1999 ersten lebend geborenen Elefanten in Berlin seit 61 Jahren benannt.

622 // Um sich die Geschichte Berlins anzusehen, braucht man in der ***»Story of Berlin«*** drei Stunden, im Märkischen Stadtmuseum zweieinhalb Stunden und im »Berlin Museum Historiale« eine Stunde.

623 // DIE ANORDNUNG DER BUNTEN PFLASTERSTEINE AM KURFÜRSTENDAMM FOLGT KEINER GESETZMÄSSIGKEIT.

624 // In den Zuckerbäckerbauten in der ***Karl-Marx-Allee*** führen zum siebten und letzten Stock genau 150 Treppen.

625 // Für ***Berufsbekleidung*** stehen der Berliner Polizei 5,9 Millionen Euro im Jahr zur Verfügung.

626 // Die Werbeaufschrift für das Lokal ***»Escados Parrilla Grill«*** in der Karl-Liebknecht-Str. 29 verdeckt in voller Länge das sozialistische Wandbild des Künstlers Willi Neubert von 1973.

627 // Das ***Kulturkaufhaus Dussmann*** hatte schon vor der Freigabe der Ladenschlusszeiten bis 22 Uhr geöffnet, da 25 Mitarbeiter zu leitenden Angestellten mit geschäftlicher Vertretungsmacht gemacht wurden.

628 // Für den Bau der U5 mussten auf der Straße ***Unter den Linden*** 54 Linden weichen.

BICYCLE
E-SCOOTER
E-BIKE RENT
BERLIN
BIKE TOUR

629 // 2013 WURDEN IM GÖRLITZER PARK 113 RAZZIEN DURCHGEFÜHRT.

630 // ***Der Piratenspielplatz im Görlitzer Park*** wurde 2013 zu einem Barfußort erklärt, der frei von Müll, Kippen, Kronkorken, Scherben und Hundekot bleiben sollte.

631 // Ein ***Mondkrater und ein Asteroid*** (1990BC1) heißen »Schuppmann« nach dem Konstrukteur der historischen Leuchten rund ums Brandenburger Tor, Ludwig Schuppmann.

632 // 2013 wurden ***in Berlin 335 Ehen geschieden***, bei denen die Partner über 16 Jahre Altersunterschied hatten.

633 // Auf 592 Berliner kommt ***ein niedergelassener Arzt***.

634 // In Berlin gibt es ***1.046.200 Ein-Personen-Haushalte*** und 155.100 Haushalte mit vier und mehr Personen.

635 // Die multimediale Werbung (Plakate, Geräusche, Beleuchtung) zu dem ***Musical »Tanz der Vampire«*** von 2007 in einem Durchgangstunnel des Bahnhofs Alexanderplatz war die erste interaktive 360-Grad-Werbung in einem deutschen Bahnhof.

636 // Auch wenn ***John F. Kennedy*** seine berühmte Berliner Rede im Schöneberger Rathaus gehalten hatte, hat er trotzdem nie dessen ***John-F.-Kennedy-Saal*** betreten.

637 // Das unregelmäßige Wetterereignis einer plötzlichen starken Erwärmung der Stratosphäre zu Ende des Winters wurde 1952 erstmals über Berlin entdeckt und heißt deswegen ***»Berliner Phänomen«***.

638 // Bei der Eröffnung von Madame Tussauds Berliner Wachsfigurenkabinett 2008 riss ein Mann ***Adolf Hitler*** den Kopf ab, 2014 boxte einer die ***Henry-Maske-Figur*** kaputt und verursachte einen Totalschaden im Wert von 200.000 Euro.

639 // Rund um die unteren drei Säulensegmente der Siegessäule befinden sich 60 in Kriegen erbeutete ***vergoldete Kanonen***. Im obersten Säulensegment allerdings sieht man 20 ***Lorbeergehänge***.

640 // 35,4 Prozent der Berliner Bäume sind ***Linden***.

1UP

641 // DIE BERLINER POLIZEI STELLT AUF IHRER ANTI-GRAFFITI-HOMEPAGE EIN KLEINES WÖRTERBUCH DER SPRAYER-SZENESPRACHE (MIT AUSDRÜCKEN VON »CAN« ÜBER »TAG« BIS »SCRATCHING«) ZUM DOWNLOAD BEREIT.

642 // AM PORTAL DER BERLINER ZENTRALBIBLIOTHEK SIND 117 VARIATIONEN DES BUCHSTABEN »A« AM SOGENANNTEN A-TEPPICH VON 1966 ZU SEHEN. DAS ÄGYPTISCHE »A« STELLT DIE HIEROGLYPHE ALEF DAR, DIE HEUTE ALLERDINGS ALS R- ODER L-LAUT GEDEUTET WIRD.

643 // 2013 gab es insgesamt ***126.200 Tagungen*** mit 10,6 Millionen Besuchern in Berlin.

644 // Das nach dem ehemaligen Stadtguerillo Georg von Rauch benannte ***»Rauch-Haus«*** in Kreuzberg brannte nach einem ***Brandanschlag*** im Jahr 2011 vollkommen aus.

645 // Die ***Berliner Elle*** war 0,66 $^{2}/_{5}$ Meter lang.

646 // In Berlin leben rund 6.000 blinde und 20.000 ***sehbehinderte Menschen***.

647 // DAS METALL-KUNSTWERK AM GEBÄUDE UNTER DEN LINDEN 72 VON FRITZ KÜHN STELLT 224 LINDENBLÄTTER DAR. AUF EINEM EINZIGEN BLATT IST EIN VOGEL ZU SEHEN.

648 // In der Kneipe »Klo« in der Leibnizstraße sitzt man auf ***Kloschüsseln***, wischt seinen Mund mit Klopapier ab und trinkt Bier aus Urinflaschen.

649 // 2,5 km von der ***Kneipe »Klo«*** entfernt hat auf der Tauentzienstraße die japanische Modekette ***Uniqlo*** ihren Flagshipstore eröffnet.

650 // Die an den Spreebrücken angebrachten Rettungsringe sind eigentlich ***Rettungsringe für die Sportschifffahrt***.

651 // DER KOMPONIST GIACOMO MEYERBEER, DER IN PARIS STARB, WOHNTE IN BERLIN AM PARISER PLATZ.

GLORIA
PALAST

652 // In Nagasaki steht ***das einzige erhaltene Mauerstück*** mit einer Tür. Durch sie wurden im DDR-Regime Menschen geschleust, die nicht gesehen werden sollten.

653 // Im Jahr 2014 gab es 1.231 Berliner, die ***über 100 Jahre*** alt waren.

654 // In Berlin gibt es rund ***73.000 Kleingärten***, die 3 Prozent der Stadtfläche einnehmen.

655 // Für die Skulpturen ***am großen Eisbärenbrunnen*** im Berliner Zoo standen vier Eisbären aus dem Münchner Tierpark Hellabrunn Modell.

656 // ***Eselsbrücke*** für die Reihenfolge der S-Bahn-Stationen zwischen Alexanderplatz und Berliner Hauptbahnhof (Alexanderplatz, Hackescher Markt, Friedrichstraße, Hauptbahnhof): »Alex hackt Friedrichs Haupt«.

657 // ***Über 35.000 Rentner*** erhalten in Berlin die Grundsicherung.

658 // DER FILM »THE SINGING FOOL« MIT AL JOLSON WURDE ALS ERSTER AMERIKANISCHER TONFILM IN DEUTSCHLAND AM 3. JUNI 1929 IM BERLINER GLORIA-PALAST GEZEIGT.

659 // Im ehemaligen Flughafen Tempelhof wird die erste akademische ***Direktausbildung für Psychotherapie*** in Deutschland angeboten.

660 // Lili Somerfeld gewann am 19. April 2014 mit dem Lied »The war is over when we dance« den ersten ***Berlin Song Contest***, bei dem die Berliner Kieze gegeneinander antraten.

661 // In 786 Berliner Hotels, Hostels und Pensionen stehen ***132.600 Gästebetten***.

662 // PRO TAG WERDEN IN BERLIN 82 FAHRRÄDER GESTOHLEN.

---

663 // Die Bezirksgrenze von Friedrichshain-Kreuzberg verschob sich 2014 durch einen Tausch mit Tempelhof-Schöneberg und ***vergrößerte den Kiez um 7,3 Hektar***.

664 // Der ***Gesamtumsatz durch Berlin-Tourismus*** wird im Jahr auf 10 Milliarden Euro geschätzt.

665 // Es gibt eine Internetseite, die Infos über alle Berliner Rockbands sammelt. Auf ***»Bernds Berliner Rockwiki«*** sind über 500 Bands und 3.000 Konzerte eingetragen.

666 // »NO MONOSODIUM GLUTAMATE ADDED« steht in Großbuchstaben über der offenen Küche des ***Thai-Restaurants*** »Good Time« am Hausvogteiplatz.

HIAB
CAT
DER KIEZ
www.humbaur.com

667 // ***Der Künstlername »Kaiserbase«*** als Interpret des Pils-Werbesongs »Berlin, du bist so wunderbar« entstand, weil der Komponist Robert Philipp zusammen mit anderen Musikern und DJs in einem Haus in der Charlottenburger ***Kaiser-Friedrich-Straße*** wohnte.

668 // Ein sogenannter ***»Sitzkiesel«*** (ein klobiger Stein, der zum Verweilen anregen soll) im Kleinen Tiergarten und im Ottopark in Moabit kostet etwa 25.450 Euro.

669 // Im Hostel »Ostel« am Ostbahnhof kann man wie zu DDR-Zeiten übernachten inmitten von Möbelklassikern wie der Schrankwand »Karat«, Multifunktionstischen und einem ***Erich-Honecker-Porträt*** über dem Bett.

670 // Der ***internationale 3-Buchstaben-Code*** für den Flughafen Berlin-Brandenburg lautete vor 2009 »BBI« (Berlin Brandenburg International). Dieser Code war aber bereits für den indischen Flughafen Bhubaneswar vergeben.

671 // ***Das älteste Brautpaar Deutschlands*** heiratete am 23. November 2009 in Berlin. Erna war 97, Otto 100 Jahre alt.

672 // Im ***Comenius-Garten*** in Neukölln werden von Neuköllner Kindern und Wissenschaftlern des Max-Planck-Instituts Wunder erforscht.

673 // In Baden-Württemberg, Bayern und Hessen kosten ***Blumen beim Großhändler*** das Dreifache wie in Berlin.

674 // Die ältesten Gesteine Berlins fand man bei Bohrungen ***in über 4.000 m Tiefe*** in Charlottenburg-Wilmersdorf. Es sind etwa 290 Millionen Jahre alte vulkanische Gesteine.

675 // Das Bezirksamt Berlin-Mitte hat ***drei Unisex-Toiletten*** für Frauen, Männer und Intersexuelle.

676 // Berliner, die das erste Mal heiraten, sind ***durchschnittlich 33,9 Jahre*** alt.

677 // DIE AHMADIYYA-MOSCHEE IN WILMERSDORF IST DEUTSCHLANDS ÄLTESTE NOCH BESTEHENDE MOSCHEE.

678 // Am 1. Mai 1972 fegte Joseph Beuys in einer Kunstaktion zur kritischen Auseinandersetzung mit dem Marxismus am Karl-Marx-Platz ***mit einem Besen mit roten Borsten*** den Abfall der Mai-Demonstration weg.

679 // Obwohl die ***Jakobikirchgasse*** in Kreuzberg nach der ***St.-Jacobi-Kirche*** benannt ist, schreibt sie sich mit »k« und nicht mit »c«.

680 // Berlins öffentliche Busse bewegen sich pro Jahr etwa ***200 Meter pro Stunde langsamer*** durch den Verkehr.

681 // Hertha hat ***bundesweit 32.260 Anhänger***, Union 12.054.

682 // 1942 zählte man in Berlin mit 4.478.102 die ***meisten Einwohner*** jemals.

683 // In Berlin gibt es ***66 landwirtschaftliche Betriebe***, in Brandenburg ***5.566***.

684 // BEI DER SANIERUNG DER ZUCKERBÄCKERBAUTEN IN DER KARL-MARX-ALLEE 2003 WURDEN PLATTEN EINGESETZT, DIE NICHT ZUGELASSEN WAREN. 2012 BEGANNEN DIE AN DIESEN PLATTEN BEFESTIGTEN FLIESEN ABZUBRÖCKELN.

685 // Dem Spitteleck in der Seydelstraße, einst Vorzeigebau Ostberlins, wurde unmittelbar nach der Wende mit einer riesengroßen ***Coca-Cola-Reklametafel*** eine kapitalistische Ikone aufs Dach gesetzt.

686 // Der berlinerische Begriff ***»Molle«*** für ein Glas Bier kommt von dem Wort »Mulde«, das ursprünglich »Gefäß zum Reinigen des Getreides« oder »Backtrog« bedeutete.

687 // In ***Hakenfelde*** befindet sich die Badestelle ***»Bürgerablage«***.

688 // ***97,8 Prozent der Berliner*** haben am meisten Lust am Kochen, wenn sie etwas braten können.

689 // Im Heftchen »Kiez erleben« von »visitBerlin« findet man auf der letzten Seite ***Benimm-Regeln*** für Berlin-Touristen.

690 // Der Direktor des Berliner »Kaiser-Wilhelm-Instituts für Hirnforschung«, Oskar Vogt, sezierte 1925-27 ***das Gehirn Lenins*** in 30.000 Schnitten.

691 // ***Die größte Uhr Europas*** war mit 170 m^2 eine Lichtinstallation auf dem Bürohochhaus »Pyramide« in Marzahn. Seit 2009 funktioniert die Uhr nicht mehr.

692 // Die beiden freifliegenden ***sprechenden Papageien*** im »Blumencafé« in der Schönhauser Allee heißen Arno und Charly.

693 // DIE TAFEL »KONNOPKE'S-IMBISS« IM NEUEN SITZGARTEN VON »KONNOPKES IMBISS« IST GEMÄSS DER NEUEN DEUTSCHEN RECHTSCHREIBUNG DREIFACH FALSCH GESCHRIEBEN.

694 // IN BERLIN GIBT ES 69.870 HYDRANTEN, DIE MEISTEN DAVON SIND UNTERIRDISCH.

695 // In der Nöldner-, der Türrschmidt- und der Spittastraße in Lichtenberg stehen noch Schlackenbetonhäuser des Architekten Albrecht Türrschmiedt von 1872, die zu den ***ersten Betonhäusern der Welt*** zählen.

696 // Berlin hat durchschnittlich ***1.800 Sonnenstunden*** im Jahr.

697 // Eine leere Berliner ***U-Bahn-Garnitur*** wiegt ungefähr 70 Tonnen.

698 // Die U2 fährt zwischen Wittenbergplatz und Zoologischer Garten eine ***besonders enge Kurve***, weil die Gleise hier um die Fundamente der Gedächtniskirche herumfahren müssen.

699 // DIE SELTSAME HANDHALTUNG DER KLIO-STATUE IM NIKOLAIVIERTEL KOMMT DAHER, DASS SIE FRÜHER TEIL EINES GROSSEN REITERSTANDBILDS WAR. IHRE LINKE HAND STÜTZTE SICH AM DENKMALSOCKEL AB, DIE RECHTE SCHRIEB ETWAS.

700 // In der ***Barstraße*** in Wilmersdorf gibt es ***keine Bar***.

701 // Der Tierpark Berlin in Friedrichsfelde ist der ***größte Landschaftstiergarten*** Europas.

702 // Der ***Aufzug im Kollhoff-Tower*** am Potsdamer Platz ist mit 30,6 km/h der schnellste Personenaufzug Europas. Durch das zeitaufwendige Abbremsen braucht er aber zur Plattform durchschnittlich länger als der nur 21,6 km/h schnelle Aufzug im Fernsehturm.

703 // AM GENDARMENMARKT UND IM NIKOLAIVIERTEL KANN MAN NOCH AUF VIELEN GULLYDECKELN DIE AUFSCHRIFT »MADE IN GDR« LESEN.

704 // Im Shop der Städtischen Blindenanstalt in der Oranienstraße bekommt man eine handgefertigte ***Bürste in Form des Brandenburger Tors***.

705 // SEIT DEM 15. SEPTEMBER 2014 WERDEN JOACHIMSTHALER PLATZ UND STRASSE, DIE 78 JAHRE LANG OHNE »H« GESCHRIEBEN WURDEN, AUF INITIATIVE DER STADT JOACHIMSTHAL WIEDER MIT »H« GESCHRIEBEN.

---

706 // Die Straßenlaternen, die die Karl-Marx-Allee beleuchten, heißen ***Paulinck-Leuchten*** und sind nach ihrem Architekten Richard Paulinck benannt.

707 // Berlinerinnen verzehren deutschlandweit am meisten ***Milch, Milcherzeugnisse und Käse***.

708 // 2013 haben alle Berliner Polizisten zusammen ***941.000 Überstunden*** angehäuft.

709 // Im ***»Miele Café«*** Unter den Linden werden Entrecôte und Ofenkartoffel aus einem Miele Backofen und Germknödel aus einem Miele Dampfgarer angeboten.

710 // Der Friedrichstadt-Palast hat die ***größte Theaterbühne der Welt***.

711 // »Berlin selbst ist mir höchst unsympathisch. Staub und entsetzlich viel Menschen, die alle rennen, als ob die Minute 10 Mark kostet«, schrieb der 24-jährige Ernst Reuter 1913 an seine Eltern. 35 Jahre danach wurde er ***Oberbürgermeister von Berlin***.

ANDRÉ STANLY, GEBOREN 1970 IN WIEN, verbrachte durch seine Tätigkeit als TV-Producer etwa zwei Jahre in Berlin, wobei er nach und nach alle Fakten für dieses Buch zusammentrug. Fakt 459 ist beispielsweise einer aus erster Hand.

MIRELA STANLY SCHRIEB ZAHLREICHE DREHBÜCHER, Sketche und Konzepte für Radio und Fernsehen. Für die Recherche für dieses Buch quartierte sie sich einige Monate in verschiedenen Berliner WGs ein. Sie hat noch einen Koffer in Berlin.